| 生活技能 304 |

開始在馬來西亞自助旅行

作者◎黃偉

太雅

「遊馬來西亞鐵則＆必知標誌」

☑右駕國家，注意方向！

理由：馬來西亞曾是英國殖民地，駕駛方向與台灣不同。因此過馬路時一定要記得往與平常相反的方向看來車，最好是左右兩邊都看清楚才前進。此外，也要記得乘客座位是在左邊，別開錯車門。

☑過馬路注意來車！

理由：除了來車方向與台灣習慣方向相反以外，「禮讓行人」這個觀念在馬來西亞還不成熟。在沒有紅綠燈的地方要等待久一點的時間，等車流漸緩再快步通過，或是把手伸出去示意並等待往來行車暫停才快步通過。

☑紅綠燈要自己按！

理由：行人要過馬路前，記得要按下紅綠燈上的行人通行鈕，才會比較快等到綠燈通行指示出現。

☑尊重當地文化！

理由：馬來西亞的多元種族與文化是該國特色，因此看見華人、馬來人、印度人及原住民，都應記得他們有各自不同的文化特色，記得帶著開放的心去相處，讓自己在旅途中可以收穫豐富。

☑榴槤不帶進旅館及其他交通工具上！

理由：馬來西亞榴槤的產季各州不一樣，請盡量在水果攤位前就地品嘗榴槤美味，大多數的旅館都有禁止攜帶榴槤進入的標誌，當然搭公共交通工具及乘坐親友的車子也須注意此點。

☑進清真寺注意服裝規定！

理由：不論男女，進入清真寺的服裝下半身一定要長過膝蓋，不可穿無袖的上衣，女性要用頭巾遮住頭髮才可以進去。大型一點的清真寺會在外面租借或免費出借頭巾及罩袍讓觀光客使用。此外，進去之前一定要記得脫鞋。

☑注意防曬！

理由：除了從事戶外活動要記得事先擦防曬品之外，平日的步行也不可忽略。薄長袖或外套是必備品，大多數室內及公共交通工具的冷氣很強，溫差頗大要注意著涼。太陽眼鏡、帽子都需隨身攜帶，不建議將雨傘作為防曬用具。

AWAS 注意／危險
常出現在道路的路面上，提醒駕駛不要過快及小心來車。

JALAN SEHALA 單行道
在較狹小的道路口會有這個標誌牌，千萬不要以為這是指示行車方向。

KELUAR 出口

PINTU MASUK 入口

遊馬來西亞行前Q&A

Q1 到馬來西亞自助旅行安全嗎？

馬來西亞算是地廣人稀的國家，除了幾個大城市之外，大部分都是小鎮與甘榜(村落)，因此民風是比較純樸的。至於到吉隆坡、檳城等大城市旅行也不用擔心，因為觀光客相對地多，相關措施也都完善。住宿、交通設施、娛樂活動資訊及配套措施都很豐富，可以依照個人的能力與需求規畫自助旅行。大部分的馬來西亞華人都很喜歡關注台灣新聞與娛樂動態，台灣人在馬來西亞很容易受到熱情的對待，加上語言相近，十分有親切感！

Q2 天氣會很熱嗎？

馬來西亞接近赤道，一年四季白天的氣溫都可達30℃以上。但因為地廣人稀，大部分的地區是熱帶雨林，生態豐富，可調節氣溫，所以早晚並不會熱到令人難以接受。此外下過雨之後的氣溫也會稍降，因此有一句話形容當地的氣溫是「四季如夏，遇雨成秋」。

Q3 語言不通怎麼辦？

馬來西亞有近三分之一的人口是華人，大部分觀光較發達的州都有不少華人，加上當地的華文教育歷史悠久普遍，即使不是華人也可能受過華教的訓練，會說中文的人很多。此外，英文是通用的語言，即使不懂馬來語，但遇到原住民、馬來人及印度人時，使用簡單英文均可溝通。

Q4 馬來西亞的物價？

境內的長途巴士及廉價航空前往各州的交通費不貴，旅館住宿跟台灣比較起來相對便宜不少。不過食物及飲料的單價沒有想像中的低廉。其他進口品牌在馬來西亞會比較貴。

Q5 哪一個季節適合前往旅遊？

過去每年11月底～12月底是馬來西亞學校的長假，但受到疫情的影響，2023～2024年的長假延後至2月中～3月中，假期期間機票會漲價，熱門的旅遊城市及景點人潮會增加，安排行程時須特別留意；此外，東海岸及東馬在11月到次年的3月是雨季，因此建議4～10月是較適合旅遊的季節。另外，計畫出發時間時，也應考慮是否會遇到齋戒月。

Q6 馬來西亞會很保守嗎？服裝上須注意哪些事？

伊斯蘭國家是相對比較保守的，但因為馬來西亞是多元種族國家，因此衣著上不需太過擔心，日常服裝及沙灘泳衣都與在台灣時的正常夏季穿著相同即可。但在馬來人較多的州(如登嘉樓、吉蘭丹)服裝需要較謹慎一些。

編輯室提醒

提供電子地圖QR code，出發前先下載成離線地圖

手機讓旅行更便利，本書採用電子地圖，書中所介紹的景點、店家、餐廳、飯店，作者全標示於Google Map中，並提供地圖QR code供讀者快速掃描，找尋地圖上位置，並可結合手機上路線規劃、導航功能，幫助讀者安心前往目的地。

提醒您，出發前請先將本書提供的電子地圖下載成離線地圖，避免旅遊途中若網路不穩定或無網路狀態。若前往的旅行地，網路不發達，建議您還是將電子地圖印出以備不時之需。

出發前，請記得利用書上提供的通訊方式再一次確認

每一個城市都是有生命的，會隨著時間不斷成長，「改變」於是成為不可避免的常態，雖然本書的作者與編輯已經盡力，讓書中呈現最新的資訊，但是，仍請讀者利用作者提供的通訊方式，再次確認相關訊息。因應流行性傳染病疫情，商家可能歇業或調整營業時間，出發前請先行確認。

資訊不代表對服務品質的背書

本書作者所提供的飯店、餐廳、商店等等資訊，是作者個人經歷或採訪獲得的資訊，本書作者盡力介紹有特色與價值的旅遊資訊，但是過去有讀者因為店家或機構服務態度不佳，而產生對作者的誤解。敝社申明，「服務」是一種「人為」，作者無法為所有服務生或任何機構的職員背書他們的品行，甚或是費用與服務內容也會隨時間調動，所以，因時因地因人，可能會與作者的體會不同，這也是旅行的特質。

新版與舊版

太雅旅遊書中銷售穩定的書籍，會不斷修訂再版，修訂時，還區隔紙本與網路資訊的特性，在知識性、消費性、實用性、體驗性做不同比例的調整，太雅編輯部會不斷更新我們的策略，並在此園地說明。您也可以追蹤太雅IG跟上我們改變的腳步。

太雅IG

票價震盪現象

越受歡迎的觀光城市，參觀門票和交通票券的價格，越容易調漲，特別Covid-19疫情後全球通膨影響，若出現跟書中的價格有落差，請以平常心接受。

謝謝眾多讀者的來信

過去太雅旅遊書，透過非常多讀者的來信，得知更多的資訊，甚至幫忙修訂，非常感謝你們幫忙的熱心與愛好旅遊的熱情。歡迎讀者將你所知道的變動後訊息，善用我們提供的「線上回函」或是直接寫信來taiya@morningstar.com.tw，讓華文旅遊者在世界成為彼此的幫助。

太雅旅行作家俱樂部

So Easy 304

開始在馬來西亞自助旅行(全新第四版)

作　　者　黃偉雯

總 編 輯　張芳玲
發想企劃　taiya旅遊研究室
編輯主任　張焙宜
企劃編輯　張焙宜
文字編輯　詹湘伃
修訂主編　鄧鈺澐
封面設計　林惠群
美術設計　林惠群
協力美編　余淑真
地圖繪製　林惠群

國家圖書館出版品預行編目(CIP)資料

開始在馬來西亞自助旅行 / 黃偉雯作.
-- 四版. -- 臺北市 : 太雅, 2024.08
面；　公分. --（So easy ; 304）
ISBN 978-986-336-510-5（平裝）
1.自助旅行　2.馬來西亞
738.69　　113004501

太雅出版社
TEL：(02)2368-7911　FAX：(02)2368-1531
E-mail：taiya@morningstar.com.tw
太雅網址：http://taiya.morningstar.com.tw
購書網址：http://www.morningstar.com.tw
讀者專線：(02)2367-2044、(02)2367-2047

出 版 者　太雅出版有限公司
台北市106辛亥路一段30號9樓
行政院新聞局局版台業字第五〇〇四號

讀者服務專線：(02)2367-2044、(04)2359-5819#230
讀者傳真專線：(02)2363-5741、(04)2359-5493
讀者專用信箱：service@morning.com.tw
網路書店：http://www.morningstar.com.tw
郵政劃撥：15060393 (知己圖書股份有限公司)

法律顧問　陳思成律師

印　　刷　上好印刷股份有限公司　TEL：(04)2315-0280
裝　　訂　大和精緻製訂股份有限公司　TEL：(04)2311-0221

四　　版　西元2024年08月01日
定　　價　420元
(本書如有破損或缺頁，退換書請寄至：台中市工業30路1號 太雅出版倉儲部收)

ISBN　978-986-336-510-5
Published by TAIYA Publishing Co.,Ltd.
Printed in Taiwan

推薦序

鍾維康　MyTravel創辦人

第一次認識黃偉雯，是透過兩本她寫的旅遊書—《誤闖叢林的校長：浪漫遊東馬》及《吉隆坡》。當時是2011年，也是我正式踏入旅遊業的第一年。自國立政治大學廣播電視學系畢業以後，熱愛攝影和旅遊的我深深覺得馬來西亞的旅遊業大有可為，於是回到故鄉，立志發展和推廣馬來西亞的深度旅遊，希望透過旅遊讓世界看見馬來西亞！我和兩位朋友一同創辦了MyTravel馬來西亞旅遊資訊網站(後來發展成提供馬來西亞在地旅遊行程的旅行社)，希望用在地人的視野來展現馬來西亞真正的魅力，而在蒐集資料的過程中，偉雯的兩本書讓我感覺如獲至寶！我無法想像一個台灣女生，竟然比許許多多的馬來西亞人更了解這個國家、這片土地。或許，我該要稱黃偉雯為「最懂馬來西亞的台灣人」！ 很幸運地，在2017年的一場旅途中我和偉雯不期而遇，兩人從此結下了不解之緣。很高興《開始在馬來西亞自助旅行》這本書能夠再次印刷出版，證明偉雯寫的內容深獲讀者的喜愛，我相信這本書一定會成為全球華人來馬來西亞自由行的必備秘笈寶典，熱愛自由行的你怎麼可以不擁有一本呢！

李三財　就諦學堂創辦人、 台北市賽珍珠基金會董事

在香港成長的歲月中，對南洋風情充滿著浪漫的印象，來到台北入讀僑大後認識了很多大馬的僑生同學，近年一直在金甌女中、北商大東協中心推動印尼語教育，更深刻體驗到印尼跟馬來西亞的歷史文化、天然資產值得我們去深入走訪、認真品味欣賞！

蕭特財　砂拉越留台同學會總會總會長

2022年6月，在雪蘭莪州的如意學長介紹了一位台灣的作家黃偉雯老師，非常感恩有這個機會讓我認識了這位才女。2012年在我任砂拉越留台同學會美里分會主席時，偉雯已經在古晉完成獨中校長任務，回到台灣執教了。透過她早期為砂拉越留台同學會撰寫的碩士論文，心想這位台灣姑娘怎麼會比很多馬來西亞人更認識這個地方，覺得非常特別。我也是一位非常喜歡周遊列國旅行的人，聽到看到偉雯這位旅遊達人作家的敘述及十餘本的著作，說真的除了敬佩還加上羨慕，因為許多旅人除了會享受旅遊上帶來的快樂，並不一定會把旅途上的快樂與經歷分享給大家。偉雯用她對人事物靈敏度及細心度，總能將周圍的人事物記錄到非常的完善，並一一的收藏在他的作品中。感謝偉雯對馬來西亞各地方旅遊的介紹，讓閱讀她作品的朋友，通過作品認識馬來西亞這多元文化的國度，並帶著這本書前來馬來西亞旅遊；身為馬國一份子的我，對偉雯致以萬分的謝意。期待能閱讀到更多的偉雯作品，讓更多的人受惠，加油偉雯！

作者序

「Truly Malaysia」不只是一句觀光宣傳語，也相當貼切馬來西亞現況。這個擁有豐富天然資源及世界之肺的熱帶國家，擁有沙灘、陽光、美食、享樂、SPA、都會、原始生態、殖民歷史遺跡、宗教文化等薈萃於一身。其他東南亞國家找得到的元素，其實馬來西亞都有，甚至更加豐富並混和了多元種族文化的多樣面貌。

如果你對於這個國家的印象還不夠豐富，那麼絕對建議將馬來西亞納入下次自助旅行的口袋名單。獨行俠、情侶或好友們、親子家庭…不管是怎樣的旅伴搭配，有著華語、閩南語、客家語等各種方言也能通的馬來西亞、華文招牌到處掛的馬來西亞，是比其他東南亞國家更具旅行優勢的地方。

本書蒐集並整理馬來西亞的各種資訊，相信能協助想要到馬來西亞旅遊的朋友消化眾多資料，進而明確地成為屬於自己的自助旅行計畫。馬來西亞是台灣的9倍大，如果你們願意一去再去日本、韓國、泰國等熱門自助旅行國家，馬來西亞也絕對值得旅人一而再再而三地，依照各種不同的假期需求，去發掘它的新風貌。

黃偉雯

關於作者

黃偉雯

自上個世紀末起，開始了馬來西亞田野調查的學術研究，至今已經數不清去過馬來西亞幾次。在當地出版了一本研究論文、寫過旅遊美食報紙專欄、辦過簽書會、帶過華文交流參訪團…當然最特別的是曾在2009年至馬來西亞砂拉越州西連民眾中學，任職馬來西亞第一位台灣籍華文獨立中學校長。多年來累積的人脈與情感，一直覺得馬來西亞是自己的第二個家，希望有一天可以成為馬來西亞觀光大使，帶著更多台灣人認識這個國度。

目前為大學老師、作家。

出版作品：《個人旅行：吉隆坡》、《誤闖叢林的校長：浪漫遊東馬》、《遊戲北京：穿越清宮步步行》、《遊戲絲路：穿越西安大漠行》、《校園崩壞中：連孔子都傻眼的教育亂象》、《遊戲上海：穿越魔都百年行》、《開始在馬來西亞自助旅行》、《用電影說印度：從婆羅門到寶萊塢，五千年燦爛文明背後的真實樣貌》《來去馬來西亞：從鄭和、孫中山到《辣死你媽》等多本著作。

Podcast：海外村民集會所(Apple／Google／Spotify／KKbox／Sound on均可收聽)

FB粉絲專頁：小瑪王妃的世界視角/Mary's World Vision

Instagram：Lunabien

目錄

124 玩樂篇

128 節慶與主題之旅

206 購物篇

226 通訊篇

232 應變篇

如何使用本書

本書以自助旅行為切入角度，包辦旅遊馬來西亞所需的一切知識。除了馬來西亞基本認識，還有證件辦理、旅遊網站、訂房管道等方法；抵達馬來西亞後，各種交通串連方式、吃喝、購物、玩樂、通訊方法及狀況應變等等，書中也都有詳盡介紹。篇章依照出國順序來安排，既方便尋找，豐富貼心的資訊，讓你規畫旅遊一點都不麻煩。

▼各城市導覽

為你導覽馬來西亞各大名城、玩樂資訊。

▲行程天數建議

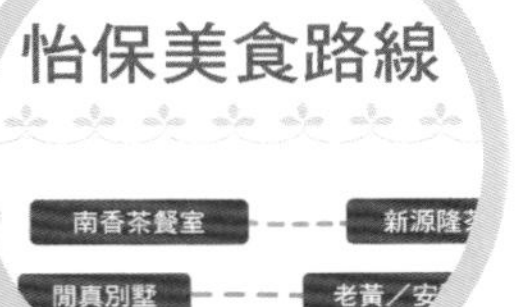

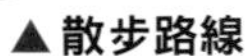
▲散步路線

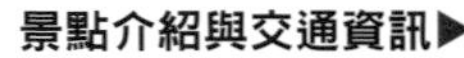
景點介紹與交通資訊▶

▲各城市主題之旅

為你導覽各大名城散步路線、交通前往方式。

資訊符號解說

- http 官方網站
- FB Facebook
- IG Instagram
- ✉ 地址
- ☎ 電話
- ⏲ 開放、營業時間
- 休 休息
- $ 費用
- ➡ 交通方式
- i 重要資訊
- MAP 地圖位置
- APP APP軟體

Step 2 選擇語言

▲

圖解機器使用方式
買票機器的操作按鈕插孔、操作方式，都有詳細拉線說明。

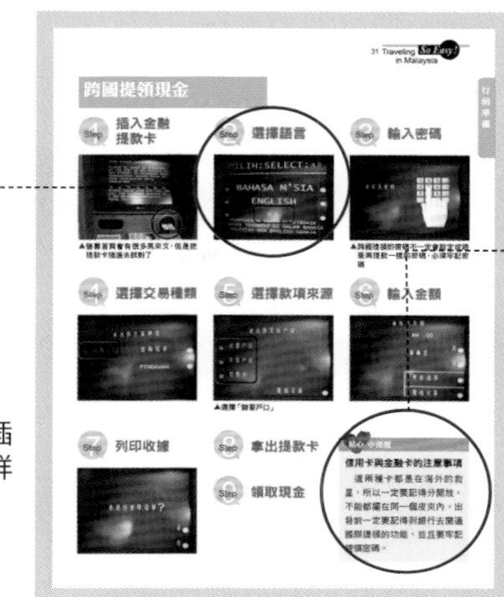

貼心小提醒

信用卡與金融卡的注意事項

這兩種卡都是在海外的救星，所以一定要記得分開放。不能都擺在同一個皮夾內。出發前一定要記得到銀行去開通國際提領的功能，並且要牢記提領密碼。

◀**貼心小叮嚀**
作者特別要提醒的重要消息，叮嚀你謹記。

Step 2 購買車票

買票前要說清楚是搭KLIA Ekspres還是KL Transit，可使用信用卡與現金付款，也可以使用售票機購買。

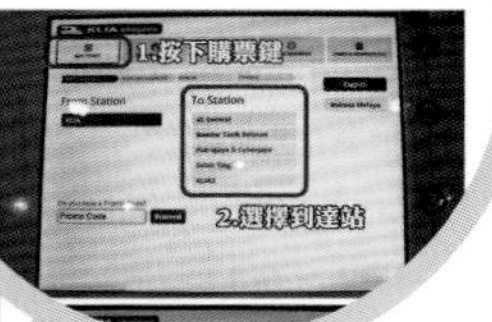

▲

文圖步驟說明
不管是搭飛機、入出境，搭車方法等，都有文字與圖片搭配，步驟化說明，按部就班超輕鬆。

行家密技 搭乘廉航時的行李轉換

絕對不可忘記廉價航空一分錢一分服概念。那麼為了轉機的迅速與確實，應大行李箱裡準備好一袋約5公斤左右的行是隨時可以拿出來換成手提行李的「扌，並且這5公斤的行李內容物要符合的安檢規定。
來說：國際航段的航

路上觀察 為什麼馬來西亞有許多唱歌好聽的華人

馬來西亞除了國定假日以及常年舉辦的各式慶典以外，各州會依元首生日及不同的特色原因而放假。這時伴隨各種大型活動及聚餐場合，唱歌表演就是不可或缺的一環。馬來西亞有許多隱藏版歌神級的素人歌手，這些歌唱比賽與表演場合就是他們磨刀霍霍前進螢光幕的絕佳前置訓練。下次在電視上看到殘酷舞台的踢館高手來自馬來西亞，千萬不要再覺得

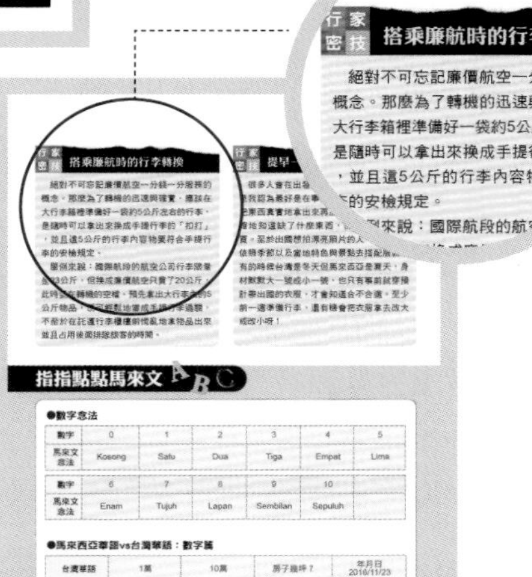

指指點點馬來文

●數字念法

數字	0	1	2	3	4	5
馬來文念法	Kosong	Satu	Dua	Tiga	Empat	Lima
數字	6	7	8	9	10	
馬來文念法	Enam	Tujuh	Lapan	Sembilan	Sepuluh	

●馬來西亞華語vs台灣華語：數字篇

台灣華語	1萬	10萬	房子幾坪？	年月日 2016/11/23
馬來西亞華語	10個千	100千	房子多少平方呎？	日月年 23/11/2016

路上觀察、行家秘技▲▶
城市觀察、特有文化專欄解說；
內行人才知道的小撇步、玩樂攻略。

認識馬來西亞 About Malaysia

馬來西亞，是個什麼樣的國家？

真實的馬來西亞風貌是什麼？你不知道的馬來西亞還有很多值得探索的祕境，距離台灣不遠且語言相當友善親近的馬來西亞絕對是你自助旅行的好選擇。

FOUR SEASONS
OSK
Kapitan Cina
Yap Ah Loy
(1837–1885)
Jalan Yap Ah Loy was named in honour of the third Kapitan of Kuala Lumpur, who ruled from 1868-1885. Yap Ah Loy grew up during the Qing Dynasty in Huizhou, Guangdong Province, China. In 1854, at the age of 17, he arrived at the Malay Peninsula.
Eight years later, at the invitation of his friend Liu Ngim Kong, he moved to Kuala Lumpur to seek better prospects. After many years of hard work, Yap Ah Loy was chosen to be the third Kapitan, steering the then fledgling town through floods and the Selangor Civil War.
A strong advocate for cooperation between the Chinese and the
CHRIST
CHURCH
MELAKA

馬來西亞各地速覽

馬來西亞以南中國海分成西馬及東馬，十三州風情各有特色。

馬來西亞是天然資源豐富的國家，木材、錫礦、石油、棕櫚……等都很出名，多元種族交織出的文化衝擊我們的視覺與味蕾。東馬更保有原始熱帶雨林及許多稀有的動植物種生態。治安大致良好，人民友善親切，並且很多人都非常喜歡台灣，自助旅行者到馬來西亞一定很快就能有熟悉與親切的感覺。

吉隆坡 Kuala Lumpur

是馬來西亞的特別行政區，地理位置在雪蘭莪州，也是最大的城市，金融政治中心。購物天堂、各式美食、地標與殖民風情建築，令人目不暇給。

檳城 Penang

喬治市被列為世界遺產，至今仍能感受到濃厚純樸的華人社會古早味，喬治市的街頭藝術壁畫增添了年輕人喜愛的文青風格，此外夜市與美食、歷史與各種宗教建築都是檳城之美。

蘭卡威 Langkawi

位在安達曼海的美麗島嶼及免稅港，地理位置在吉打州，距離泰國很近。是度假勝地之一。

馬六甲 Melaka

與檳城喬治市一同(2008)被列為世界遺產。小而巧的城市將荷蘭與英國殖民時期留下的殖民文化集中在一起，再加上特有的娘惹文化，形成獨特韻味。

怡保 Ipoh

怡保是早期華人到此開採錫礦而發達的城市，一條近打河將其劃分成新、舊街場。操著客家話、廣東話與潮州話等不同方言的華人，品嘗著一杯杯香氣濃郁的白咖啡及各種傳統美食，味覺成為體驗這個城市不可缺少的感官。

亞庇 Kota Kinabalu

位在北婆羅洲的沙巴第一大城，也是馬來西亞距離台灣最近的一個直飛城市。對於自助旅行者而言，是初次到馬國遊玩的好選擇。

古晉 Kuching

東馬砂拉越州的首府，又稱貓城，曾獲選最適宜人居的城市之一。擁有獨特的原住民及白人拉惹殖民的歷史文化。喜歡雨林生態及動物的旅行者，不可錯過這個尚未太過觀光化的城市。

美里 Miri

美里是馬來西亞挖出第一桶石油的城市，因為有漂亮的海岸線所以有藍色城市之稱。也因為鄰近汶萊，所以吸引汶萊客假日驅車前往美里消費度假。是砂拉越州北部的熱門旅遊城市。

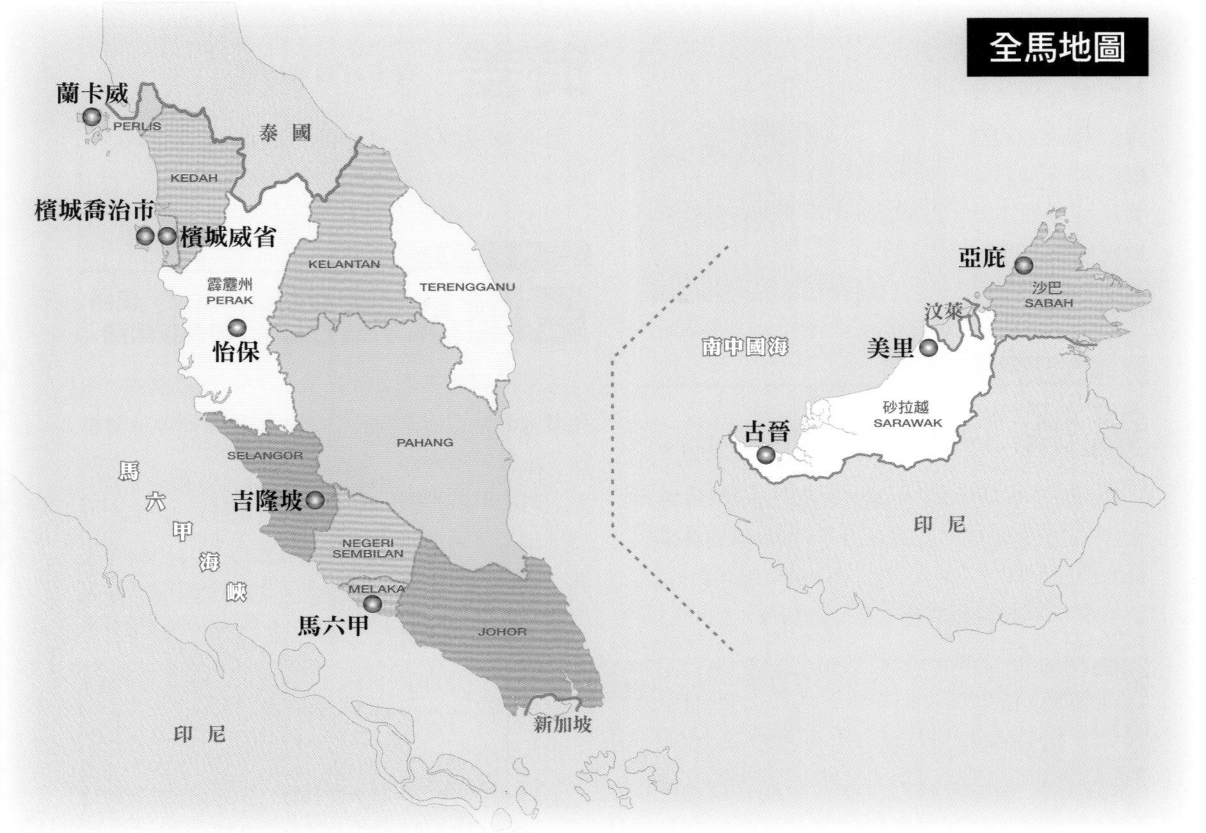

全馬地圖

蘭卡威
PERLIS
泰國
KEDAH
檳城喬治市
檳城威省
KELANTAN
TERENGGANU
霹靂州
PERAK
怡保
PAHANG
SELANGOR
馬六甲海峽
吉隆坡
NEGERI SEMBILAN
MELAKA
馬六甲
JOHOR
新加坡
印尼
南中國海
亞庇
沙巴
SABAH
汶萊
美里
砂拉越
SARAWAK
古晉
印尼

馬來西亞小檔案

多元文化是最貼近馬來西亞的形容詞之一。

馬來西亞小檔案 01

地理｜分為西馬與東馬兩部分

西馬(馬來半島)及東馬(沙巴，砂拉越)二部分組成馬來西亞，兩者之間隔著南中國海。西馬北部與泰國接壤，南邊經新柔長堤可到達新加坡；東馬則與印尼及汶萊為鄰。

馬來西亞小檔案 02

氣候｜四季如夏，遇雨成秋

馬來西亞全年夏季，基本上均適合旅遊。惟需注意11～12月是當地學校的長假，可能會遇到機票較貴的情況。季節分成旱、雨二季。東馬每年11～3月是雨季，4～10月是旱季。西馬則是每年的4～5月及10～11月雨量豐富。全馬平均氣溫是26～30℃左右。

馬來西亞小檔案 03

時差｜同步台灣零時差

與台灣零時差。格林威治時間+8小時(UTC +8:00)。

馬來西亞小檔案 04

電壓及插座｜230V，使用前先按開關

馬來西亞電壓為230V，為三角形柱狀插座，台灣帶去的電器需準備符合當地的轉接插頭及變壓器。此外，馬來西亞的電源開關都需另外再按下開關啟動，並不是直接插上插頭就通電。

▲馬來西亞的插座樣貌

月分	1月	2月	3月	4月	5月	6月	7月	8月	9月	10月	11月	12月
平均最高溫	30℃	30℃	32℃	32℃	32℃	32℃	32℃	32℃	31℃	31℃	31℃	30℃
平均最低溫	23℃	23℃	24℃	24℃	24℃	24℃	24℃	24℃	23℃	23℃	23℃	23℃

▲馬來西亞全年均溫表

馬來西亞小檔案 05

航程｜最短飛行時間僅3.5小時

目前由台北出發直飛馬來西亞的城市有吉隆坡、檳城及亞庇。台北直飛吉隆坡與檳城航程約4小時50分鐘，台北直飛沙巴亞庇約3小時30分鐘。其他城市均可以這兩大城市作為中轉點。

馬來西亞小檔案 06

歷史｜從海峽殖民地到馬來亞聯邦

1786年，英國東印度公司曾經與吉打州的蘇丹簽訂「英吉條約」取得檳城的管理權，後來19世紀英、荷兩國海上爭霸，荷蘭為將重心擺在印尼，便與英國簽訂「英荷條約」，拿馬六甲交換蘇門答臘的明古連地區。1826年英國正式整合檳城、馬六甲及新加坡成為海峽殖民地。

19世紀，馬來半島上的雪蘭莪、森美蘭、彭亨、霹靂四邦先後成為英國的保護邦。1896年，通稱「四州府」的馬來聯邦成立，首都就定在吉隆坡。1957年8月15日馬來半島的11州脫離英殖民統治宣布獨立，同年8月31日建立「馬來亞聯邦」(Federation of Malaya)。1963年9月16日接受沙巴、砂拉越及新加坡加入，合組成「馬來西亞」(Malaysia)，後來新加坡因各種問題於1965年退出大馬聯邦獨立。

馬來西亞小檔案 07

人口｜雪蘭莪州人口最多

馬來西亞人口約3,300萬，其中雪蘭莪州人口最多，約600萬，與東馬兩州的人口總數差不多。

馬來西亞小檔案 08

宗教｜國教是伊斯蘭教

馬來人的信仰均為伊斯蘭教，土著(當地用語，本書以此稱呼原住民)大多數是基督徒或天主教徒。華人的信仰較為多元，以佛、道、民間信仰及基督教、天主教為主。印度人則以印度教居多，部分為伊斯蘭教、基督教或天主教。

▲馬來西亞的國教是伊斯蘭教

馬來西亞小檔案 09

人種｜多元種族

馬來西亞是由馬來人、華人、印度人、原住民等多元種族融合組成的國家。

豆知識

東馬與西馬的差別

馬來半島上有11個州，合稱「西馬」，人口組成以馬來人為大宗，伊斯蘭風情較為濃厚。華人次之，印度裔為第三大族群，加上有為數不少來自孟加拉、尼泊爾、緬甸、印尼等地的移工，形成多元樣貌。而隔著南中國海的沙巴州與砂拉越州，人口組成以原住民(當地人稱土著)為大宗，華人次之，印度裔更少。因此東馬的印度相關節慶較少，但卻有原住民的豐收節；加上原住民信仰以基督教為多，並且不少與華人通婚，所以雖然東馬也是多元樣貌，但卻與西馬不同，另有一番風貌。

馬來西亞小檔案 10

貨幣｜匯率7：1

馬來西亞全國使用RM(零吉)，幣值比台幣大。主要紙鈔有5塊、10塊、20塊、50塊、100塊。另有1塊、5角、1角等銅板。1塊馬幣可兌換約7塊多台幣。

▲馬幣的顏色很繽紛，而且是撕不破的材質

馬來西亞小檔案 11

營業時間｜各機關部門不盡相同

政府機關與銀行一般為08:00～16:15，週六有些地區會上半天班。百貨公司為10:00～22:00。一般商店營業時間大概都在08:00～20:00之間，越鄉下的地方則越早打烊。有些小雜貨店則是會開到近凌晨。一般茶餐室則為06:00左右開門，14:00前後即收攤；另有專做晚市的餐廳及檔鋪，營業時間從傍晚～凌晨。餐廳則是午餐及晚餐時間開門，部分餐廳下午休息。一般來說華人及印度人的店家營業時間較長。

馬來西亞小檔案 12

銀行｜銀行多，方便跨國提領

馬來西亞的銀行很多，最大的金融集團是馬來亞銀行(May Bank)。另有伊斯蘭教為主的伊斯蘭銀行(Bank Islam)及聯昌國際銀行CIMB(Commerce International Merchant Bank)；華人銀行也很多，像是豐隆銀行(Hong Leong Bank)、大眾銀行(Public Bank Berhad)等等；外商的渣打、花旗這些也都有。在各機場、車站、購物中心都很容易找得到提款機。在馬來西亞用金融提款卡國際跨領相當方便。

▲OCBC及RHB銀行在馬來西亞各州都很常見

馬來西亞小檔案 13

語言｜多語言溝通

國家官方語言為馬來語，但英文使用普遍，再加上全馬約有近三分之一的華人人口，因此中文及福建話、客家話等方言也可通用。印度人則以南印度的淡米爾語(Tamil)為主。原住民屬南島語系，東馬人數較多的土著有達雅人(伊班及比達又族)、卡達山-杜順族等，均有其自己的語言。

馬來西亞小檔案 14

國定假日 ｜ 假期多，各州也有所不同

馬來西亞有不少假期，但各州會依元首及不同風俗有各自的假期，下表所列以大多數州都有放假的公共假期為主。

國定假日一覽表

日期	節慶	放假的州屬
1月1日	元旦新年	全馬8州
1～2月間	華人農曆新年初一 (Chinese New Year)	全馬13州
伊斯蘭曆 3月12日	默罕穆德誕辰	全馬13州
5月 (農曆4/15)	衛塞節 (Wesak Day)	全馬13州
5月1日	勞動節	全馬13州
6月8日 (2020～2023)	國家元首誕辰	全馬13州
8月31日	國慶日	全馬13州
9月16日	馬來西亞日	全馬13州
伊斯蘭曆 每年10月1日	開齋節 (Hari Raya Aidil Fitri)	全馬13州
10月底或 11月初	屠妖節／排燈節 (Deepavali)	全馬13州 除了納閩聯邦直轄區及砂拉越
伊斯蘭曆 12月10日	哈芝節(宰牲節)	全馬13州
12月25日	聖誕節 (Christmas)	全馬13州

＊每年的活動日期會依不同曆法而有所變動，以官方最新公告為準。

▲衛塞節時古晉的慶祝標語(照片提供／James Bong)

▲位於亞庇市區，紀念馬來西亞建國的地標

▲細看馬來西亞月曆是很有趣的一件事

豆知識

拿督與甲必丹的華人封爵

馬來西亞過去被英國殖民，白人會冊封有功的華人「甲必丹」等稱號。現在華人對大馬的貢獻仍然不容小覷，因此仍有蘇丹及州元首每年冊封對當地有功的華人。台灣人對於五花八門的封銜非常陌生，大抵上依照等級的封銜分別有：

- 聯邦授勛：敦(Tun)、丹斯里(Tan Sri)
- 州授勛：拿督斯里(Dato' Seri或Datuk Sri)、拿督(Datuk、Dato')
- 東馬限定：天猛公(Temenggung)、甲必丹(Kapitan)

較為台灣人熟知的楊紫瓊、李心潔都曾經被冊封勳銜喔！

馬來西亞小檔案 15

特殊手勢 ｜伸出食指是大忌

在馬來西亞用手指示意方向是不禮貌的，通常會將手握拳，拇指放在食指之上，除了比方向以外，叫人也可以用這種方式比較禮貌。食指與拇指交叉的手勢，在韓國綜藝節目裡是愛心的意思，但在馬來西亞會被視為數錢、愛錢的意思。

▲伸出食指比方向在當地是不禮貌的做法

▲最正確的比方向或指人的做法

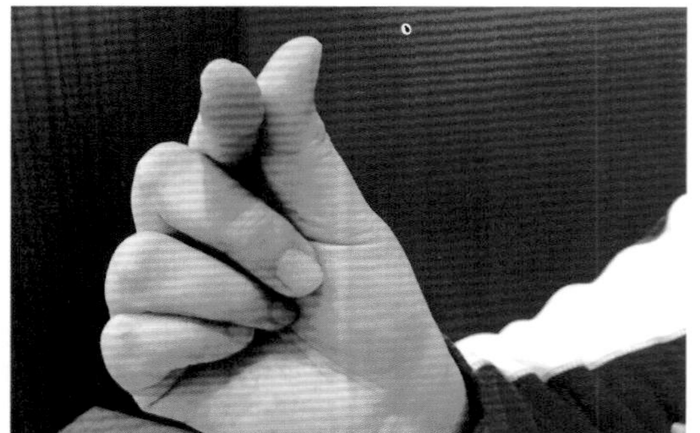
▲在馬來西亞，連續比幾次是要錢的意思

馬來西亞小檔案 16

馬來西亞印象 ｜重視華文教育

也許還未去過馬來西亞以前，你已經發現馬來西亞華人中文程度非常好，而且有好多深具才華的創作人及歌手，這些都跟大馬華社對華文教育的堅持與付出有不可分割的關係。也因為他們自小接受中、港、台三地的媒體訊息，所以也就相當自然地在這些地方活躍。知名的有：國際巨星楊紫瓊、影后李心潔、創作才子黃明志，以及大眾所喜愛的梁靜茹、光良、品冠、李佳薇、張棟樑、戴佩妮、曹格…等。

▲華文、英文、馬來文的報紙

路上觀察 為什麼馬來西亞有許多唱歌好聽的華人

馬來西亞除了國定假日以及常年舉辦的各式慶典以外，各州會依元首生日及不同的特色原因而放假。這時伴隨各種大型活動及聚餐場合，唱歌表演就是不可或缺的一環。馬來西亞有許多隱藏版歌神級的素人歌手，這些歌唱比賽與表演場合就是他們磨刀霍霍前進螢光幕的絕佳前置訓練。下次在電視上看到殘酷舞台的踢館高手來自馬來西亞，千萬不要再覺得訝異啦！

豆知識

為什麼馬來西亞人中文那麼好

馬華教育自檳城建立的五福書院算起，已有近200年的歷史。馬來西亞聯邦成立後通過「1961年教育法令」，以華文授課的中學則成為「獨立中學」。雖然馬來西亞華文教育困境仍持續存在，但目前仍保有1,000多間華文小學、60間獨中及3間華文學院，並於2002年由華社創辦的私立拉曼大學正式招生，令馬來西亞擁有相當完整的華文教育。此外，馬來西亞是台灣僑生及外籍生的大宗。

指指點點馬來文

如何看懂馬來文地址

Level 7（第七層），Menara Yayasan Tun Razak（敦拉薩基金會塔），200（門牌） Jalan（路） Bukit Bintang（路名），55100（郵遞區號）

Kuala Lumpur（吉隆坡），Malaysia（國名）

基本生活用語

中文	早安	午安	晚安	再見	你好嗎	我很好
馬來文	Selamat pagi	Selamat petang	Selamat Malam	Selamat Jalan	Apa khabar	Khabar baik

中文	謝謝	不客氣	名字	什麼	來自	哪裡
馬來文	Terima kasih	Sama sama	Nama	Siapa/Apa	Dari	Mana

中文	這個	那個	有	沒有	那裡	這裡
馬來文	Ini	Itu	Ada	Tidak	Sana	Sini

例句：

1、你叫什麼名字？ Siapkah nama kamu？
2、我叫Luna。 Nama saya Luna.
3、你來自哪裡？ Kamu dari mana？
4、我來自台灣。 Saya dari Taiwan.
5、哪裡有廁所？ Di mana tandas？
6、真是好天氣。 Hari ini cuaca baik.
7、今天真熱。 Hari ini panas sekali.
8、我走了。 Saya pergi.

行前準備 Preparation

出發前要準備什麼，才能玩出馬來西亞新風貌？

前往馬來西亞觀光旅遊，停留一個月內是不需要簽證的，華文教育頗為發達的馬來西亞，令台灣人前往該國時，能感受到語言的親切感。除此之外你還可以準備哪些東西，讓旅行更豐富呢？

To Malaysia.
An Amazing Time Here
ÆON Credit Cards.
阿里,幕途&阿學

護照與簽證

不需要辦簽證及填出入境單的馬來西亞，給旅客出發第一步的好印象！

自2024年6月1日起，臺灣旅客不必註冊即可使用自動通關系統出入境馬來西亞，最長可停留30天免簽證，但須於出發3天前上網填寫數位入境卡(MDAC)，第一次使用數位入境卡的旅客，抵達後還是需要依照正常通關流程走人工通道，並進行自動通關註冊，出境時和下次前往馬國就可直接走自動通關，且不需任何費用。曾在2023年12月1日～2024年5月31日期間填寫過數位入境卡並且通關註冊過的旅客，於出國前3日填寫數位入境卡之後，可直接走自動通關通道。

http imigresen-online.imi.gov.my/mdac/main

護照

Passport

尚未有護照的旅客需至外交部領事事務局網站預約辦理時間，或親至外交部中、南、東部或雲嘉南辦事處辦理。若護照效期不足，欲新辦護照者可親洽或委託旅行社代辦。

申請必備文件

❶ 普通護照申請書1份

❷ 最近6個月內拍攝之彩色(直4.5公分、橫3.5公分，不含邊框)光面白色背景照片乙式2張

❸ 尚有效期之舊護照(持有舊護照者)

❹ 國民身分證正本及影本1份

護照這裡辦

外交部領事事務局(台北)

http www.boca.gov.tw

✉ 10051台北市濟南路一段2之2號3～5樓(中央聯合辦公大樓北棟)

☎ 02-23432888

🕒 週一～五08:30～17:00，週三延長至20:00

$ 新台幣1,300元(親辦價格)

!? 工作天：4個工作天

台北以外的地區

✉ 中部辦事處：04-22510799
台中市南屯區黎明路2段503號1樓

✉ 雲嘉南辦事處：05-2251567
嘉義市東區吳鳳北路184號2樓之1

✉ 南部辦事處：07-2110605
高雄市前金區成功一路436號2樓

✉ 東部辦事處：03-8331041
花蓮縣花蓮市中山路371號6樓

＊以上資料時有異動，以官方最新公告為準。

實用APP

APP

現在智慧型手機及平板電腦很普遍，下載地圖

蒐集旅遊資訊

出發前先下載好所需APP及閱讀相關文章，可以有更寬廣的大馬印象。

與交通方面有關的APP，對行程的順暢度會有很大的幫助。

Grab

馬來西亞當地的計程車APP，很多當地人使用這個系統叫車。

Google Map

這個是不可或缺的APP，在馬來西亞的導航準確度不錯。

航空公司的APP

推薦Air Asia、Batik Asia、華航、長榮、馬來西亞航空等，都是在馬來西亞旅行最常遇到的航空公司，辦理行前報到、選位及登機證皆可用手機完成。

其他推薦APP

- 查詢票價：WEGO、Skyscanner
- 訂房：Booking、Agoda
- 旅遊行程：KKday、Klook客路

實用旅遊網站

Website

馬來西亞有許多當地的中文資訊網站，建議出發前可先上相關網站蒐集資訊。

FB粉絲專頁

- Tourism Malaysia Taiwan/馬來西亞觀光局・台灣
- Sarawak Tourism Board 砂拉越旅遊局
- 砂州眼
- 一起吃風
- MyTravel我的大馬旅行

貼心 小提醒

新版護照照片要求高

新版護照對於照片的要求比以前更嚴格，必須露出完整的眉毛和耳朵，瀏海若遮到眉毛、頭髮遮到耳朵等，都會被退件。言下之意，如果為了省錢去快速取照的機器拍護照證件照會比較冒險，建議還是去照相館拍，店家還能微微修飾照片，畢竟缺少頭髮的修飾，臉會顯得很大。一本護照要用10年還被各國的人看到，不得不慎重一點呀！

機票與航空公司

無論是傳統航空或廉價航空，馬來西亞都是不太傷荷包的好地點。

航空公司訂票步驟

Airline

Step 1 上網搜尋機票

除傳統航空公司華航、長榮及馬航外，目前還有Air Asia亞洲航空、Malindo Air馬印航空、Scoot酷航及STARLUX星宇航空。

Step 2 選擇出發地與目的地

Step 3 選擇來回或單程

Step 4 選擇搭乘日期

有的時候差一天價格會差很多，如果時間允許稍做更動，以價格漂亮的為優先選擇。

Step 5 選擇想搭乘的航班

不同班次的機票價格也會有所不同。

Step 6 確認機票

Step 7 填寫及確認個人資料

如果已經是航空公司會員，可以減少填寫個資的麻煩。

Step 8 確定需要加值的服務

本服務在預訂廉航機票時才需確認，傳統航空公司無此步驟。

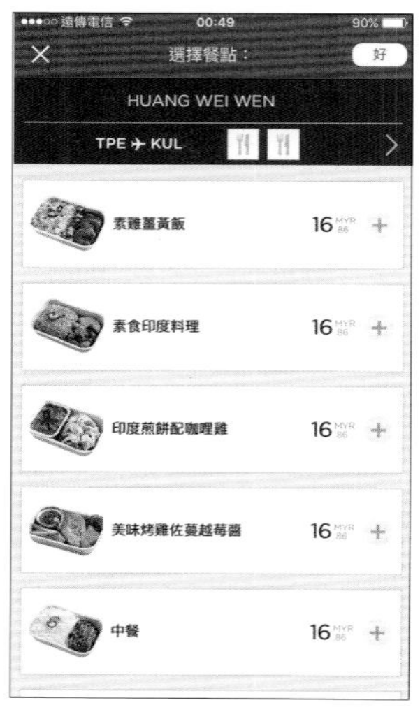

Step 9 線上刷卡付費

Step 10 確認刷卡成功及收取訂位確認信函

有時候確認信會被分到垃圾郵件匣，不要誤刪或忽略掉。

Step 11 列印電子機票

Step 12 出發前14天可以線上辦理報到

貼心小提醒

搭乘廉價航空注意事項

亞洲航空對於是否帶水或食物上飛機並沒有非常嚴格的要求，所以帶一點小乾糧或裝滿水壺的水再上飛機，低調一點的飲食是可以被接受的。此外，在馬來西亞當地Check in都記得要先在網上辦理，現在都可以在手機直接出示登機證過關，只有託運行李或登機證出示有問題時才需要臨櫃辦理。

行家秘技 規畫訂票撇步

經歷疫情、國際間角力衝突與戰爭持續，不僅機票價格較疫情前上漲，旅行時會遇到的不確定因素也應該是自助旅行需考量的，建議多花一點錢買可以更改時間的機票。另外，運費漲幅波動頻繁，臨時加買行李會很貴，最好加購足夠的行李重量。一分錢一分貨，若過於重視機票的CP值，要承擔的風險也會比較高。

線上報到步驟圖解 Online Check-in

Step 1 下載APP

下載航空公司APP，選擇管理我的預訂。

Step 2 選航班

點選搭乘航班。

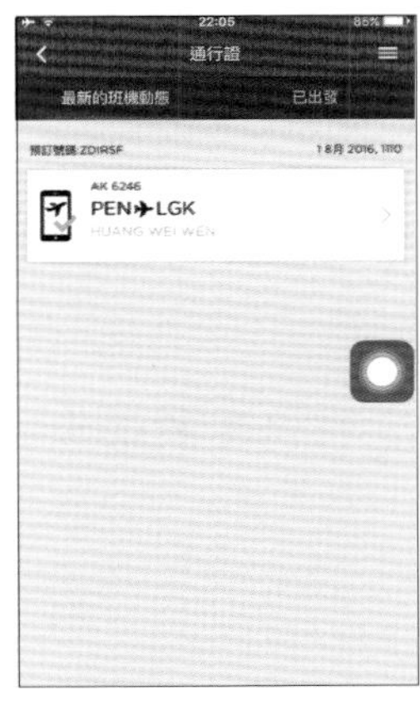

Step 3 報到

點選報到後便會出現登機證。

匯兌

跨國提領、帶台幣去吉隆坡兌換、信用卡是3種最好的選擇。

馬幣不是強勢貨幣，所以在台灣兌換的匯率不好。如果先換美金再兌換馬幣，則會被扣兩次手續費。因此，出發到馬來西亞前，建議直接帶台幣到馬來西亞兌換馬幣，或者直接辦理具有跨國提領功能的金融卡，到馬來西亞任何一個機場入境後，直接提款馬幣。

兌換外幣

Currency Exchange

在台灣的銀行兌換馬幣

目前台灣的銀行可以兌換馬幣的有：台灣銀行、兆豐銀行等。匯率是100元台幣可以兌換約8元RM。但是如果一樣以100元台幣在當地兌換則可以換到約14元RM。至銀行兌換外幣時，記得攜帶證件臨櫃辦理。

在馬來西亞當地用台幣兌換馬幣

在吉隆坡及各個機場都設有外幣匯兌的櫃檯。可以在這裡先小額換一點交通費到市區。真正兌換匯率較好的地方在吉隆坡市區，例如：Bukit Bintang(武吉免登)星光大道上的兌換店，或是金河廣場裡的外幣兌換櫃檯。如果你第一個落地的機場是亞庇國際機場，那麼匯率比較好的地方是在市區的Wisma Merdeka默迪卡購物中心裡的外幣兌換。兌換外幣金額較大時，記得攜帶護照正本。此外，面額越大的紙鈔兌換的匯率會越好，例如美金100元的面額匯率比50元面額的好。

▲檳城機場的匯兌櫃檯

在馬來西亞當地使用電子支付情況

馬來西亞有非常多電子支付的方式，前提是必須有當地的銀行帳戶，目前馬來西亞管控遊客開戶的情況變得嚴格，除非有在當地工作、求學或有居留身分，否則不能辦銀行戶口。因此電子支付對遊客來說並不實用，且當地也是大城市的年輕人使用率較高，大部分居民還是習慣用現金或信用卡支付。

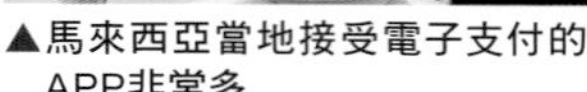

▲馬來西亞當地接受電子支付的APP非常多

▲Touch 'n Go卡是最常使用的交通卡(P.69)

跨國提領現金

ATM Card

插入金融提款卡

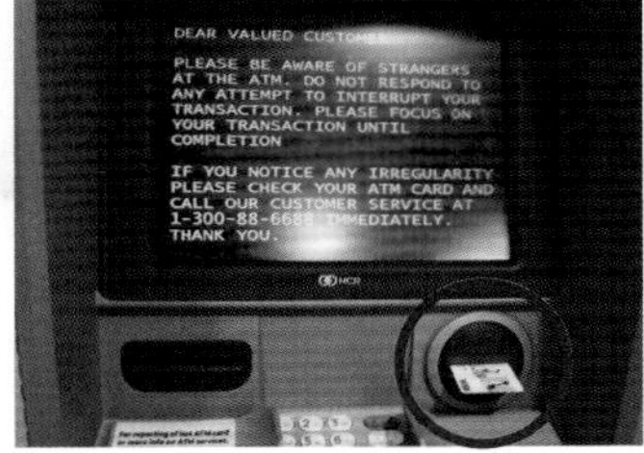

▲螢幕首頁會有很多馬來文，但是把提款卡插進去就對了

選擇語言

輸入密碼

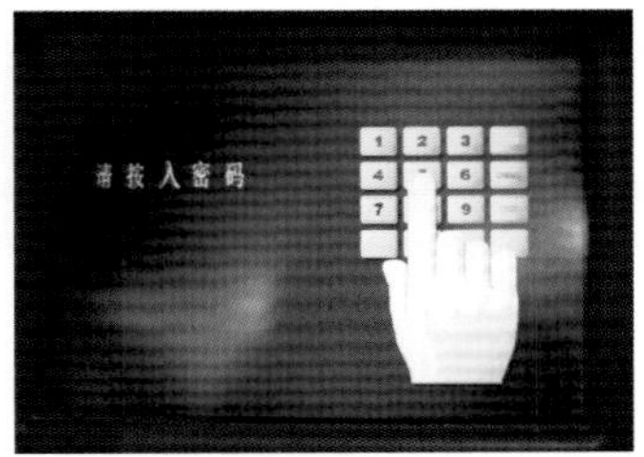

▲跨國提領的密碼不一定會設定成跟台灣提款一樣的密碼，必須牢記密碼

選擇交易種類

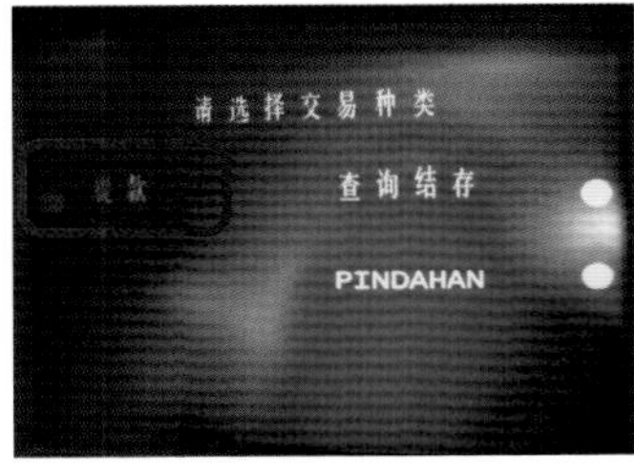

Step 5

選擇款項來源

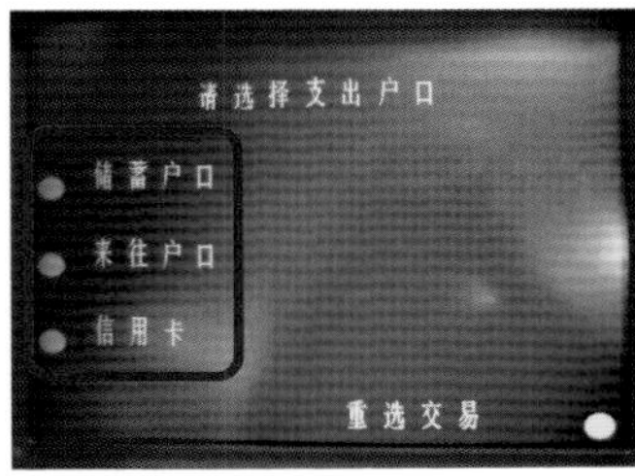

▲選擇「儲蓄戶口」

輸入金額

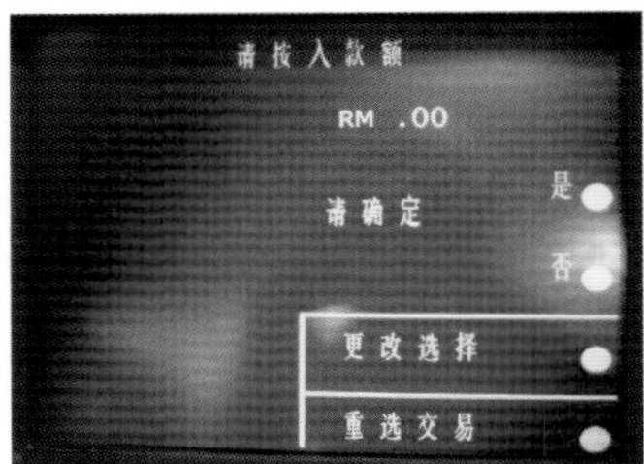

列印收據

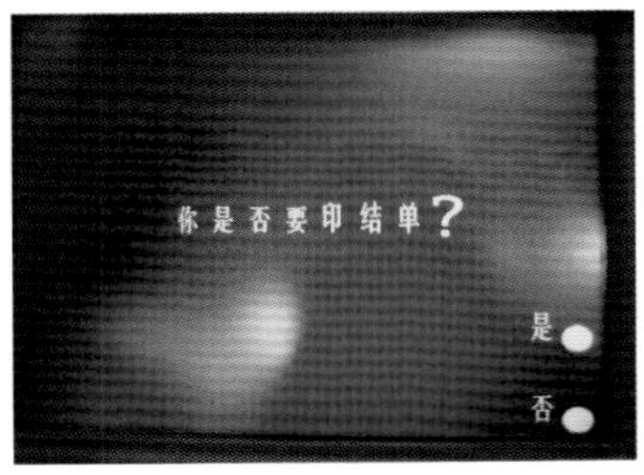

拿出提款卡

領取現金

信用卡與金融卡的注意事項

這兩種卡都是在海外的救星，所以一定要記得分開放。不能都擺在同一個皮夾內。出發前一定要記得到銀行去開通國際提領的功能，並且要牢記提領密碼。

規畫旅遊行程

馬來西亞是相對容易的自助地點，又能體驗馬、華、印等多元文化。

準備資料與時程表

Preparation

旅行天數建議

如果是西馬的1～2座城市，建議至少是5天。例如蘭卡威+檳城；或是吉隆坡+馬六甲。如果想更放鬆地購物或隨興漫遊，那麼檳城與吉隆坡都值得待上5天慢慢探索。如果喜歡自然生態或是戶外活動，則建議到東馬的亞庇或古晉。天數以5天為基本，也可以增加到10～14天來個東馬雙城深度旅遊。如果只是在沙巴或吉隆坡轉機，順便來趟地標打卡小旅行，建議需安排2～3天。

準備工作行程表

45～60天前

- □ 搜尋機票價格及訂房網的房價
- □ 確定旅遊時間及天數
- □ 確定旅遊城市
- □ 規畫行程

30～45天前

- □ 訂機票
- □ 訂旅館
- □ 確定護照效期或辦理護照

7～14天前

- □ 列印紙本資料或開始撰寫旅行手帳
- □ 準備外幣及確認金融卡漫遊功能
- □ 關注當地氣象並開始規畫衣物
- □ 辦保險
- □ 下載所需APP
- □ 將行李開始裝箱

1天前

- □ 確認隨身行李物品是否齊全並符合規定
- □ 確定託運行李重量是否超重
- □ 確認行李吊牌與聯繫資料

▲確認託運行李的重量及行李吊牌資料

規畫自助旅行步驟表

步驟	規畫內容	完成打 ˇ
Step 1	確定假期天數	
Step 2	收集資訊	
Step 3	決定旅遊目的地	
Step 4	確定預算	
Step 5	規畫詳細行程	
Step 6	訂機票及旅館	
Step 7	準備護照	
Step 8	準備外幣現金、 提款卡及信用卡	
Step 9	打包行李	
Step 10	辦保險	
Step 11	下載當地所需的APP	
Step 12	前往機場出發	

適合旅遊的月分

Season

馬來西亞全年夏季，基本上均適合旅遊。惟需注意當地學校假期期間，機票會漲價且景點人潮較多，計畫旅遊時可避開時間。2024年：5/25～6/2、9/14～9/22、12/21～12/29；2025年：1/17～2/5。以上日期各州略有差異。

▲漢堡說1、2、3

旅遊方式

Plan

不論你是想跟團玩還是自由行，甚至是想當個背包客，旅行社在你的旅行規畫中，或多或少還是不可或缺的一部分。

全程背包自助

想省錢或喜好自由，不想照表操課的玩法可能是全能背包客的重點，所以差價頗多的機票票期、出發的淡旺季、當地飯店的淡旺季……等，這些在規畫行程的時候，就能上網多方搜尋比對資訊，再與你所能夠找到的價錢相比較，得出最經濟實惠的搭配。當然旅程中如果有意想不到的突發狀況，也要未雨綢繆準備好解決方案，才能玩得安心又愉快。

半背包自助

通常以向旅行社訂購機+酒的套裝行程為主流。可以依自己的喜好選擇出發日期及班機、飯店的等級與地點，除了飯店的等級會比較豪華外，套裝行程內可能會包含機場接送或是實用的票券，屬於不那麼辛苦的自助路線。

▲馬六甲咖啡店外的招牌，充滿來自世界各地的推薦

基本消費與物價表

Expense

基本費用

行前已支付的費用包括機票、旅館以及預先網上訂購的當地行程或門票。到當地後，除了必要的門票開支外，交通、SIM卡、上網、按摩、看秀及購物費等都要列入基本預算當中。

住宿費用

背包客床位中等價格約在50～60RM左右，單人房約在100RM，雙人房則在150RM起跳。四到五星級飯店及度假村依州別則在300RM起跳。依個人預算及需求估價。

▲檳城平價旅館的雙人房型

飲食費用

路邊攤約10RM左右、美食街約為15RM起跳、餐廳則是15～20RM起跳。首都吉隆坡市區的價格會再高一些。

▲在馬來西亞吃海鮮是很過癮的事

預算規畫

每人1日基本費用(以吉隆坡平價旅館為例)

項目	費用(RM)	說明	換算新台幣
住宿費	200	雙人房之單人價格	1,400
交通費	50～100	大眾交通工具為主(含幾趟非長程的Grab)	350～700
飲食費	50～100	平價美食為例(一日三餐)	350～700
1天基本預算	180～380		1,200～2,600

5天4夜行程總預算範例(以吉隆坡為例)

項目	費用(RM)	說明	換算新台幣
機票費	1,800	以傳統航空為例(非旺季連假)	12,600
基本費用	400		2,800
門票	200	雙子星等景點	1,400
按摩1次	150	1～2次	1,000
購物	500	以土特產、紀念品估算	3,500
總預算	3,050		21,350

▲在馬來西亞享受按摩

▲在馬來西亞畫印度彩繪也是很受歡迎的體驗

保險

Insurance

旅遊平安險

如果是跟團旅行，旅行社依規定替旅客投保「旅行業綜合責任保險」，但保額不高，建議出發前可以向自己熟悉的保險業務購買「旅行平安險」，提供更完整的保障。主約為身故及身障的保險，此外，保險公司是否提供「海外急難救助」、「突發疾病醫療保險」，也可以依自己需求來增加保險額度完善保險內容。如果沒有往來的保險業務，也可以到機場的各保險公司櫃檯辦理，還可以拿實用的旅行小物贈品。

旅遊不便險

同上，但若是增加保險金額，增添旅遊不便險的內容，便可以有班機延誤、行李延誤及遺失的保障。尤其是現在搭廉價航空出國的風氣很盛行，旅遊不便險可以為自己買下更多的安心。

健保

國內健保有給付國外緊急就醫的醫療費用，在國外就醫時要記得向醫院索取正本的收據及診斷書，並且在6個月內向健保局提出申請。

▲辦好保險，出發時心情更美麗

▲桃園機場T2出境樓層的保險櫃檯

貼心小提醒

在哪裡買保險比較好呢

有些人的親友在做保險業，可以就近辦理。如果沒有這個習慣或是臨時才決定要出國，到機場辦旅遊保險也是不錯的選擇。可以先逛一圈，保險業者會把小贈品放在顯眼處，都是一些旅行實用小物，依照價格及需求去選擇適合的保險類型。通常會把出發及抵達時間多填幾小時，比較有安全感。在某一家保險公司保過之後，以後臨櫃只要直接報身分證字號，就可以非常迅速地完成保險手續了。

打包行李與行李清單

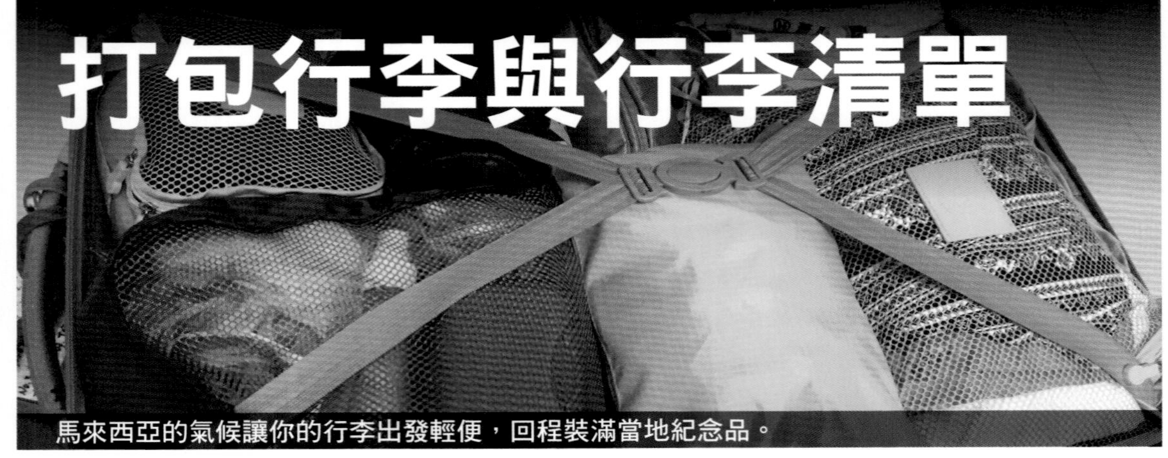

馬來西亞的氣候讓你的行李出發輕便，回程裝滿當地紀念品。

大行李箱

品項	完成打ˇ	品項	完成打ˇ	品項	完成打ˇ	品項	完成打ˇ
夏季服裝		防曬用品		代表台灣的小紀念品1～2樣		指甲剪及小剪刀	
拖鞋及涼鞋		保養品與化妝品		少量的現金		個人藥品	
較正式的服裝一套		盥洗用品		雨具		保溫杯	
換洗內衣褲或免洗內褲		充電器及轉接插頭		衛生紙及濕紙巾		旅遊書	
小零食及糖果		塑膠袋(可裝髒的衣服)		衣架少許		旅行用針線盒	
自拍棒							

隨身行李

品項	完成打ˇ	品項	完成打ˇ	品項	完成打ˇ	品項	完成打ˇ
紙本機票		行動電源		部分現金(台幣、美金、馬幣)		手機、平板電腦或筆電	
護照影本		打火機		證件照2張		100ml以內的個人美妝用品	
筆及小手帳		信用卡與提款卡		薄外套或薄披肩		簡單的化妝品	
鋰電池		相機與記憶卡		少量個人慣用藥品		拋棄式隱形眼鏡1副及眼鏡	

行家秘技 搭乘廉航時的行李轉換

絕對不可忘記廉價航空一分錢一分服務的概念。為了轉機的迅速與確實，應該在大行李箱裡準備好一袋約5公斤左右的行李，是隨時可以拿出來換成手提行李的「扣打」，並且這5公斤的行李內容物要符合手提行李的安檢規定。

舉例來說：國際航段的航空公司行李限量是23公斤，但換成廉價航空只買了20公斤，此時要在轉機的空檔，預先拿出大行李內的5公斤行李，便可輕鬆過關。臨櫃超重時收取的費用相當昂貴，以亞航為例，超重5公斤可能就會索取超過2,500元台幣。

貼心小提醒

提早一星期準備行李

很多人會在出發前一兩天才整理行李，但是我認為最好是一週前。因為這樣才知道缺了什麼東西，還有機會採買。想拍漂亮照片的人，就更應該依照季節以及當地特色，事前試穿預計帶出國的衣服，才知道合不合適。

鋰電池及行動電源的限制

鋰電池及行動電源必須放在隨身行李中，且行動電源除了有總安培數的限制(各國規定不同，攜帶2萬安培以下較妥當)之外，上面一定要有詳細的廠商資料與規格標示，否則可能在安檢時被丟棄。此外，自拍棒則放在託運行李中較安全。

指指點點馬來文ABC

●數字念法

數字	0	1	2	3	4	5
馬來文念法	Kosong	Satu	Dua	Tiga	Empat	Lima

數字	6	7	8	9	10	
馬來文念法	Enam	Tujuh	Lapan	Sembilan	Sepuluh	

●馬來西亞華語vs台灣華語：數字篇

台灣華語	1萬	10萬	房子幾坪？	年月日 2016/11/23
馬來西亞華語	10個千	100千	房子多少平方呎？	日月年 23/11/2016

機場篇
Airport

了解馬來西亞的各個國際機場

馬來西亞幅員廣闊，重要城市均有機場，傳統航空及廉價航空班次眾多，買好划算的機票及規畫適宜的飛機班次，可以輕鬆節省時間遨遊大馬多個城市。在機場流暢的移動就變得很重要。

HL'S 1851
YVESSAINTLAURENT
PERFUMES
PRODUCTS FOR MEN
Kedatangan
Internasional
International Arrivals
Pindah Pesawat
Internasional
International Transfer & Transit
VICTORIA'S SECRET

認識馬來西亞的國際機場

認識主要機場，有助安排行程流暢度。

馬來西亞的大小機場很多，因此本書只著重在國際機場的介紹，分別是位在西馬的吉隆坡、檳城、蘭卡威及東馬的亞庇、古晉等國際機場。

重要機場介紹
International Airport

吉隆坡國際機場

吉隆坡國際機場(Kuala Lumpur International Airport，KUL)是馬來西亞最主要的國際機場，擁有曾獲選全球30間四星級機場之一的榮譽。日本設計師採用「森林中的機場，機場中的森林」設計概念，綠化與熱帶雨林的呼應讓吉隆坡機場更加令人印象深刻。機場位在雪蘭莪州，距離吉隆坡市區有50公里。

吉隆坡廉價航空機場

吉隆坡廉價航空機場(Low Cost Carrier Terminal，KLIA 2-LCCT KL)是吉隆坡第二國際機場，2014年由原來的廉價航空專屬機場(LCCT)搬遷至KLIA 2，Air Asia為主要營運航空。機場面積非常大，登機口眾多。商場及餐廳非常豐富多元。與KLIA之間乘坐接駁巴士約有6分鐘車程，也可搭乘機場快線(KLIA Ekspres / KLIA Transit)一站即達。

檳城國際機場

檳城國際機場(Penang International Airport，PEN)位在檳島南方，距離市區喬治市約有20公里。檳城機場不大，但設施俱全。目前台灣有直飛

▲吉隆坡KLIA機場出境大廳

▲吉隆坡廉價航空機場

檳城的航班，可考慮檳城進吉隆坡出，或是吉隆坡進檳城出這樣的飛行計畫。

蘭卡威國際機場

蘭卡威又名浮羅交怡，位在吉打州。蘭卡威國際機場(Langkawi International Airport，LGK)小小的，飛往檳城、吉隆坡、新加坡的班機頻多。開車至珍南市區約15分鐘。

亞庇國際機場

亞庇國際機場(Kota Kinabalu International Airport，BKI)位在東馬沙巴州，可由台灣直飛到達的馬來西亞機場。距離台灣航程約3.5個小時。原本有Air Asia專屬的廉價航站，但現在均已整合在這個主要的國際機場。前往市區車程約15分鐘。有機場巴士直達市區。

古晉國際機場

古晉國際機場(Kuching International Airport，KCH)位在砂拉越州第一大城的國際機場，與檳城、亞庇的機場大小差不多，往來砂拉越各城市及沙巴各地的班機頻繁，前往吉隆坡、檳城、新加坡等地相當方便。距離市區約10分鐘的車程。

▲古晉國際機場(照片提供／沈國成)

美里機場

位在砂拉越州北部濱海城市美里，美里機場(MYY，Miri Airport)並不大，但往來砂拉越各城市及沙巴、吉隆坡各地的班機頻繁，另有國際航線到新加坡等地，相當方便，而且是前往世界自然奇景─姆魯國家公園的唯一機場。距離市區約10～15分鐘車程。

▲蘭卡威機場

▲沙巴亞庇國際機場候機室

▲美里機場出境大廳

機場重要設施
Airport Facility

機場不論大小，相關的設施還是很完備。旅客不論從哪個機場出入境，基本的需求都能得到滿足。

電信公司櫃檯

電信公司的服務點通常都在一拿完行李之後，往出境大廳的路上就可以輕易找到，馬來西亞機場的電話SIM卡業務都設在很明顯的地方。

▲小型的蘭卡威機場也有辦理SIM業務的電信攤位

▲位在吉隆坡KLIA機場裡有很多電信櫃檯可選擇

匯兌與提款

銀行匯兌櫃檯通常也是在拿完行李以後，往出境大廳的方向。如果抵達或出發時間錯過營業時間，可以選擇使用提款機跨國提領當地現鈔。

▲檳城機場出境大廳也有銀行匯兌服務櫃檯

▲吉隆坡KLIA航廈的銀行匯兌服務櫃檯

▲檳城機場的入境大廳有許多銀行的提款機可用金融卡跨國提領

行李寄存

行李寄存服務的地點就不是那麼容易被發現。依照行李尺寸大小及時間長短收費，最少18RM起跳。吉隆坡KLIA的行李寄存位置在L3入境大廳層，KLIA 2的行李寄存位在經過入境大廳旅客服務中心後，再繼續往前走即可看到。亞庇機場的行李寄存處則是在L1大廳，行李收費比起吉隆坡機場要便宜許多。

▲吉隆坡第二機場KLIA2的行李寄存處

▲亞庇國際機場行李寄存處

▲亞庇國際機場行李寄存處

Lost & Found 行李服務

Lost & Found服務點通常也不太明顯，但大部分的地點都在行李轉盤的附近。有些機場會特別派人拿一個大型看板站在行李轉盤處，讓旅客可以很快地找到工作人員尋求協助。

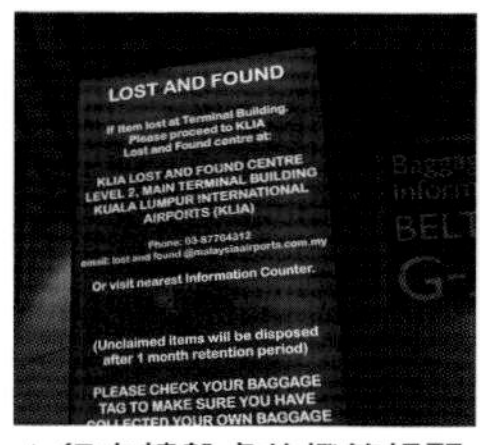

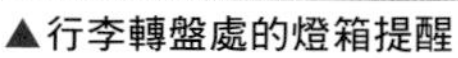

▲行李轉盤處的燈箱提醒

▲檳城國際機場入境行李轉盤處旁有Lost&Found服務櫃檯

貼心小提醒

行李箱被摔壞也可找工作人員

我自己的親友曾遇到在吉隆坡機場行李被摔壞的經驗，當他們發現在提領行李處的行李箱已經被摔壞時，立刻去找工作人員，填寫相關資料後，就會拿到一個全新的行李箱作為賠償，雖然可能對自己的行李箱有感情，但也不無小補，至少可以無縫接軌接下來的旅程。

善用機場內行李保護膜包裝服務

如果用保麗龍裝箱，準備託運時，馬來西亞的機場會要求包上保護膜，防止保麗龍破損影響內容物。機場內有幫忙纏繞保護膜的服務台。如果你很寶貝自己的行李箱，不希望被刮傷的話，也可以使用這個服務。依行李大小來收費。

▲古晉機場的保護膜價格參考

適合過夜的椅子

如果想在機場免費睡一個晚上，比較建議還是選吉隆坡第二機場KLIA2。來自世界各地搭乘Air Asia航空的背包客很多，機場明亮，也有24小時營業的店家與餐廳，比較安全。其他城市的機場都不大，半夜12點之後機場人不多，店家打烊，不建議在機場過夜。

餐廳

馬來西亞幾乎每一個機場都有星巴克及麥當勞、Marrybrown等速食連鎖。此外，較大的機場會有更多的餐飲選擇，至於吉隆坡機場則是餐廳及商場非常熱鬧，可以在裡面找到許多不同飲食風格的餐廳。

▲Marrybrown及Old Town white coffee 都是在機場常見的餐廳

租車

馬來西亞租車旅遊十分發達，每一個機場的出境大廳均可以看到一整排的租車公司服務櫃檯。

▲檳城機場出境大廳的租車櫃檯

吉隆坡國際機場 KUL(KLIA)

KLIA是馬來西亞最大的主要機場。

吉隆坡國際機場(Kuala Lumpur International Airport，縮寫KLIA)是台灣前往馬來西亞可直達的最主要機場。

入境步驟 Step by Step

自2023年12月起，入境馬來西亞需填寫MDAC數位入境卡，其他相關規定詳見P.24。

沿著指標走

下機通過登機門後跟著指標前往護照檢查站，因為KLIA機場頗大，所以可能需要搭乘機場內的接駁電車前往。這個時候也不用擔心，只要跟著指標及人群前進就不會出錯。

2023年9月起，機場內的接駁電車持續整修中，入境旅客需依照指示前往C區，前往地面接駁車乘車處搭乘。

◀於整修期間，統一按照C的指標前往替代接駁車搭乘處

護照查驗

查驗護照時，有的時候海關會詢問班機號碼以及停留天數。桌上會有一台機器讓旅客以食指按壓輸入指紋留檔，左右手都要。通常指紋輸入成功，海關也就會蓋章了，一般情況只要有回程機票，海關不會特別詢問其他問題。

提領行李

在還沒抵達行李轉盤時，先找到轉盤資訊確定抵達班機的轉盤號碼。

行李轉盤資訊

Step 4 出海關

拿到行李以後，海關會隨機抽查旅客的行李要再經過X光機檢查。通常是行李特別多特別大，或是男性被隨機抽查的機率比較高。檢查完畢就可直接走進入境大廳了。

出境步驟

Step by Step

Step 1 抵達正確航廈及樓層

KLIA機場的出境大廳是在L5，如果是搭乘巴士等交通工具前往機場的旅客記得搭電梯到L5。

Step 2 找到Check in櫃檯

抵達L5時先去找航班動態的資訊螢幕，看好自己的航班號碼再對照後面的受理區域(以英文字母分區)，可使用航空公司的自助報到機器列印登機證，或直接用航空公司的APP辦理線上登機，確定登機證無誤後，再去臨櫃辦理行李託運。

Step 3 安全檢查

L5是國內及國際出境混和在一起，因此要看清楚入口，進去正確的出境口之後，進行隨身行李的檢查。如果是馬來西亞境內的國內線，則可以帶水上飛機。手機與平板電腦需要特別拿出來放在置物箱裡過安檢。

Step 4 護照檢查站

通過行李安全檢查後就是護照檢查站，準備護照及登機證即可，通常不會花費太久時間，完成通關後前往登機門。如果有需要退稅拿取現金的人，記得通關後右轉可以看到Global Blue的櫃檯。

Step 5 前往登機口

因為登機門頗多，在吃東西及最後購物的時候，務必預留時間前往登機門。

自助Check in步驟

Step by Step

Step 1 進入螢幕首頁，選擇航空公司

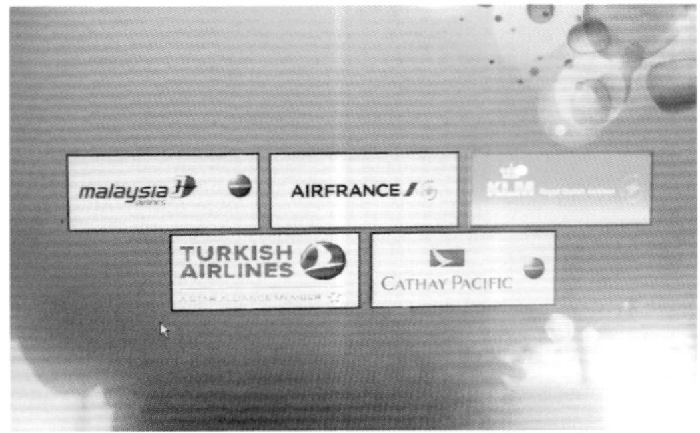

Step 2 選擇想要輸入訂位資料的方式

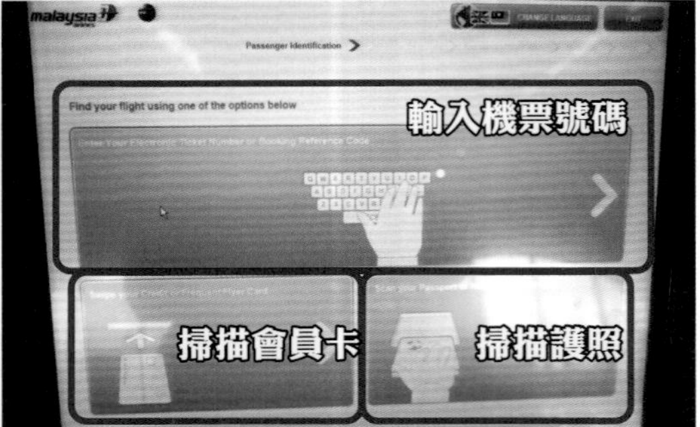

▲舉例：輸入機票號碼的頁面

Step 3 確認乘客資料

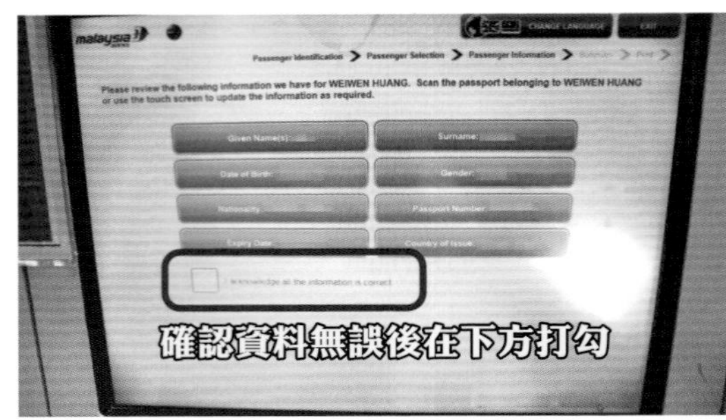

Step 4 選擇座位

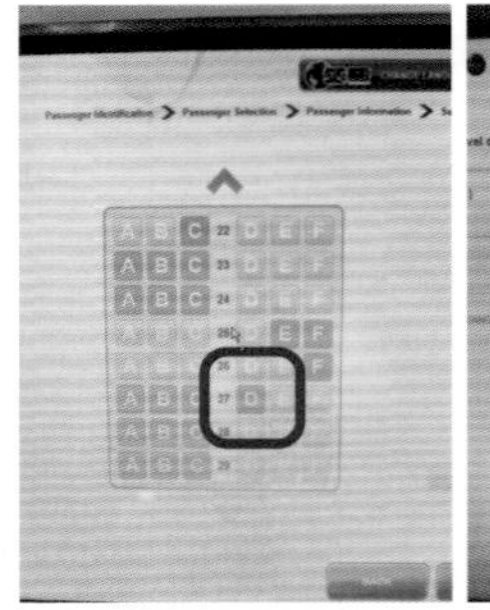

▲在藍色的座位上選擇想要的位置後按下就會變綠色

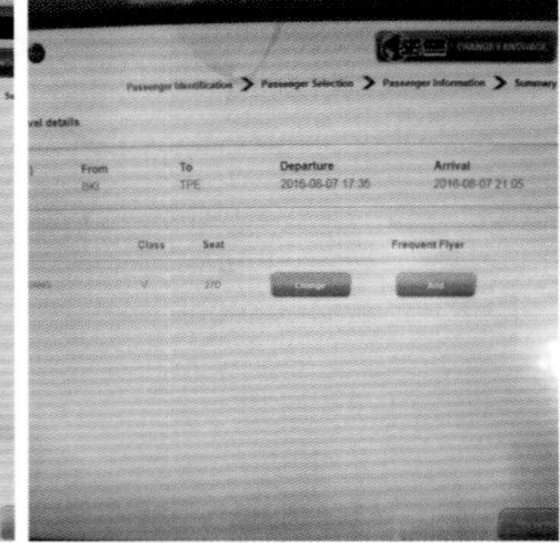

▲座位資料顯示及確認

Step 5 確認航班資料並列印

▲列印出登機證

轉機步驟

Step by Step

以下流程是沒有行李且都在KLIA機場轉機的情況。若是需在吉隆坡轉機，就要按照出境及入境的程序走一遍，才能順利登機。

貼心小提醒

預留轉機時間

如果是行李直掛目的地的轉機，又在同一個航廈搭機，1.5個小時是足夠的。如果需要提領行李但在同一個航廈轉機出境，則需預留2～3個小時。如果是需要提領行李且要到KLIA 2第二機場轉機，那麼建議要預留4個小時轉機時間，尤其是Air Asia的行李託運櫃檯會在起飛前1小時關閉，因此兩個航廈間的移動與時間估算一定要精確，才不至延誤行程。

在出發地就要向櫃檯確認行李是否會直掛最終目的地，這時通常是兩段航程都由同一家航空公司或是航空聯營飛行。如果兩段航程是分開訂票購買，並且是不同家航空公司時，則需要在轉機時提領行李再入境轉機，較耗時又麻煩。

Step 1 依照指標「Transfer」前進

走出空橋進入航廈，就會看到航空公司的人員拿著牌子指示轉機前進方向，跟著指標走就會看到辦理轉機的櫃檯。

Step 2 領取登機證

如果在台灣已經拿到兩段的登機證，此時就不需要尋找轉機櫃檯辦理。如果還沒有，就必須找尋下一段航程的航空公司櫃檯辦理手續並領取登機證。前提是第二段航程的航空公司也是從KLIA機場起飛。

Step 3 檢查隨身行李

取得登機證之後，前往登機口的方向會碰到檢查隨身行李的安檢區，隨身物品須符合一切飛航安全規定。

Step 4 前往登機門

前往登機門之前，需再次確認登機口是否更改較為保險。

從機場前往市區

Transportation

吉隆坡機場前往市區的中央車站(KL Sentral)，在不塞車的情況下，車程約1小時。但目前吉隆坡到處大興土木，所以塞車機率相當高，趕時間的旅客，可以選擇機場快線(KLIA Ekspres)。

機場快線

分為KLIA Ekspres及KLIA Transit。KLIA Ekspres只有停靠KLIA機場、KLIA2 / LCCT機場及KL Sentral這3站的快線。而KLIA Transit 則有加停Salak Tinggi、Putrajaya＆Cyberjaya及Bandar Tasik Selatan共3站。票價均為單程55RM。

KLIA的機場快線到吉隆坡市區的中央車站(KL Sentral)約28～33分鐘，班次間隔15～20分鐘。如果是搭乘馬來西亞航空、國泰航空、皇家汶萊航空及阿聯酋航空的旅客，可以事先在中央車站Check in及託運行李。

◀車票上會寫清楚哪一種車種及停靠站名

搭乘機場快線 Step by Step

Step 1 沿著指標走

來到出境大廳之後，沿著KLIA Ekspres或KL Transit的指標，很容易就可以找到售票櫃檯。

▲出境大廳在3樓，若要搭乘機場快線，需搭手扶梯或電梯到1樓

Step 2 購買車票

買票前要說清楚是搭KLIA Ekspres還是KL Transit，可使用信用卡與現金付款。也可以使用售票機購買。

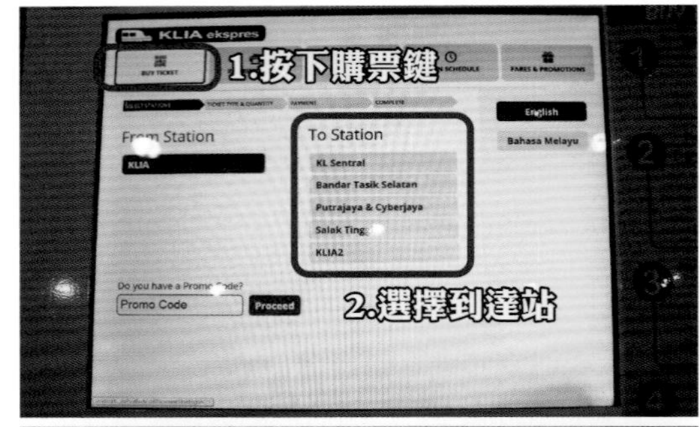

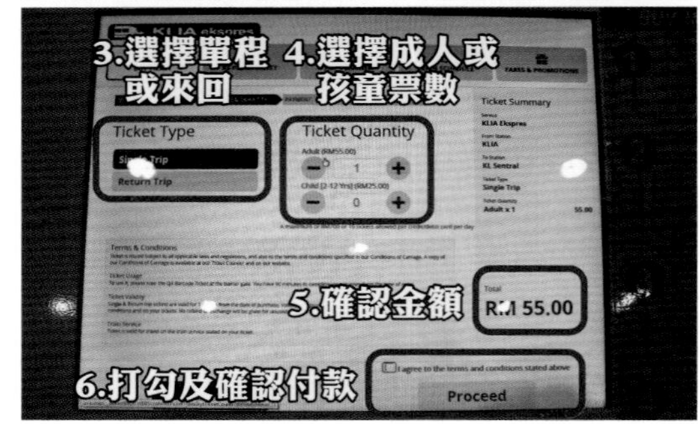

Step 3 進入月台搭車

車票插卡後進入月台搭乘，但出站後票卡會直接收走。搭乘機場快線在月台有免費Wi-Fi可使用。

▲KLIA Ekspres與KL Transit的月台不同邊

機場巴士

這個是最多人使用的一種方法，票價為10～12RM，因為容易塞車，所以機場到市區要預估1.5～2小時，才不會延誤行程。目前有營運至中央車站的巴士公司，比較常見的是SkyBus、Aerobus及Airport Coach。巴士的班次約半小時一班。

搭乘機場巴士 Step by Step

Step 1 跟著指標前進

出境大廳在3樓，循著指標往1樓前進，就會看到一排售票櫃檯。

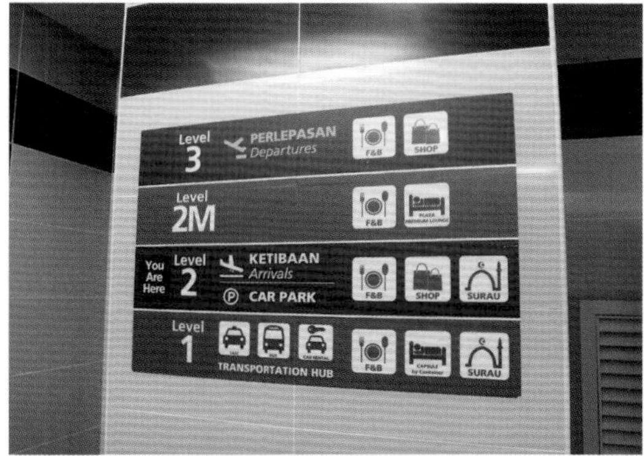

▲KLIA機場指標非常多而且又大又清楚

Step 2 購買車票

買票需使用現金，售票櫃檯與搭乘地點是在同一層樓，買好車票之後，可以詢問站務人員在哪一個月台前等車。

▲看好要搭哪一家巴士就去哪個櫃檯前面買票

Step 3 搭乘巴士

驗票完票根要留著，因為下車時還要收回去。

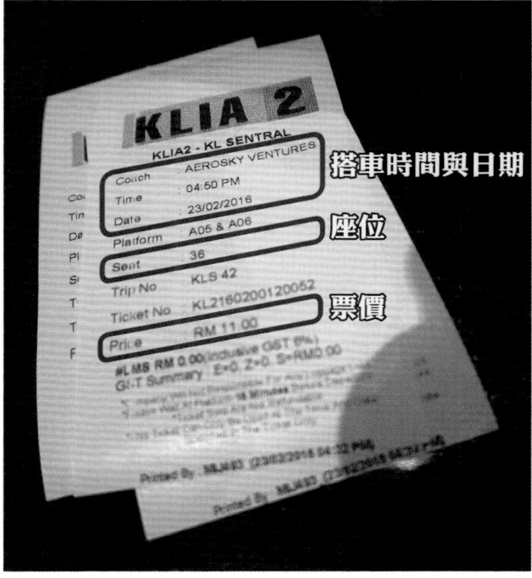

計程車(Teksi)

在馬來西亞，每個機場搭計程車都需要到固定的櫃檯購買計程車票券，再去計程車排班處按序上車，價格統一，安全可靠。如果是兩人以上同行，會比搭機場快線進市區要划算一些。

搭乘計程車 Step by Step

Step 1 找到計程車售票櫃檯

提領行李後，還未進入出境大廳前，可以先找尋黑底白字黃身的櫃檯，先買計程車票券。或到出境大廳時，可以找尋有Teksi字眼的指標，也可以在快接近出口的地方找到售票處。

▲如果趕時間的話，到這裡買計程車券是最快的

▲現在更多人會用APP叫車，可按照機場指示前往L1樓層電召車等候區候車

Step 2 購票

票券有兩種計價方式，櫃檯也不一樣。一是固定收費，按照目的地遠近距離計價，搭乘人數或行李件數較多，以及搭乘車型若較大，都會增加費用，事先在櫃檯付款，不用付費給司機。另一種是先購買乘車票券，按實際跳表金額付費給司機。

▲KLIA出境大廳的售票處

▲KLIA 2 計程車售票處

Step 3 到計程車乘車處上車

司機會撕走一半的票券，然後幫忙提行李放到車上。可自行決定是否要給小費。

如何從KLIA至KLIA 2

Transportation

吉隆坡國際機場(KLIA)與吉隆坡廉價航空機場(KLIA 2)雖然都在吉隆坡，但要從KLIA銜接廉價航空到馬來西亞其他城市時，在兩機場間的移動是一門很大的學問。須預留充足時間才不會慌亂導致延誤行程，因為廉價航空是絕對不會等人的。

搭乘機場快線 Step by Step

Step 1 跟著指標前往機場快線

入境大廳在L3，所以依照指示方向前往搭電梯前往L1。

Step 2 購票

KLIA至KLIA 2只有一站3分鐘的距離。

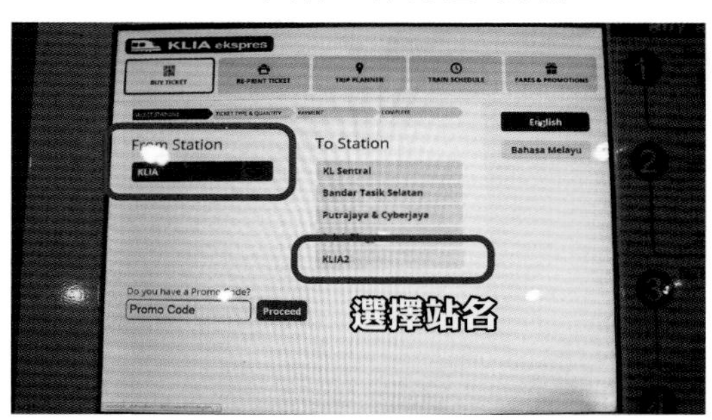

Step 3 搭乘機場快線

Step 4 抵達KLIA 2

抵達KLIA 2的L2，之後搭乘電梯前往L3的出境大廳準備搭機。

搭乘接駁巴士 Step by Step

Step 1 跟著指標前往巴士樓層

入境大廳在L3，所以依照指示方向前往搭電梯前往L1。

Step 2 購票

前往其他地方的巴士票也在同一個地方購買。接駁巴士票要留著，下車會收走。

Step 3 搭乘接駁巴士

車程約6分鐘。

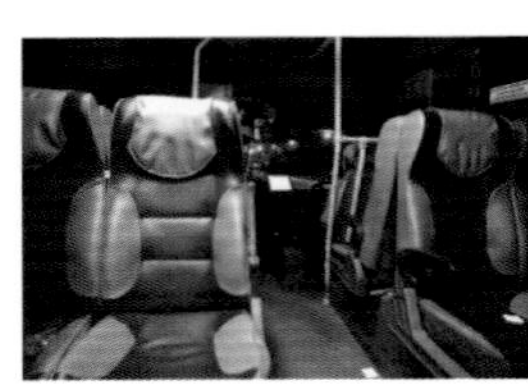

Step 4 抵達KLIA 2

抵達之後是在KLIA 2 的L1，前往L2要先經過商場然後才會到達L3，這一段路程不算近，千萬要預留時間。

吉隆坡廉價航空機場 KUL(KLIA 2)

KLIA 2是前幾年啟用的全新廉價航空專屬機場。

入境步驟

Step by Step

自2023年12月起，入境馬來西亞需填寫MDAC數位入境卡，其他相關規定詳見P.24。

Step 1 沿著指標走

抵達KLIA 2之後跟隨指標前往證照查驗。

跟著黃色飛機降落的指標

Step 2 護照查驗

找尋外國人護照處排隊，不需填寫入境單。

外國護照通關處

Step 3 提領行李

KLIA 2的行李轉盤數量比桃園機場還要多。

Step 4 進入入境大廳

拿完行李後，跟隨離開方向前往入境大廳。

出境步驟

Step by Step

Step 1 抵達正確航廈

Step 2 找到Check in櫃檯

Step 3 安全檢查

Step 4 護照檢查站

Step 5 前往登機口

自動列印行李條步驟

Step by Step

Air Asia必須要用自助Check in列印出登機證及行李條，若臨櫃辦理會收取手續費。

Step 1 進入首頁

準備登機證進入首頁，選擇列印行李條選項及使用語言。

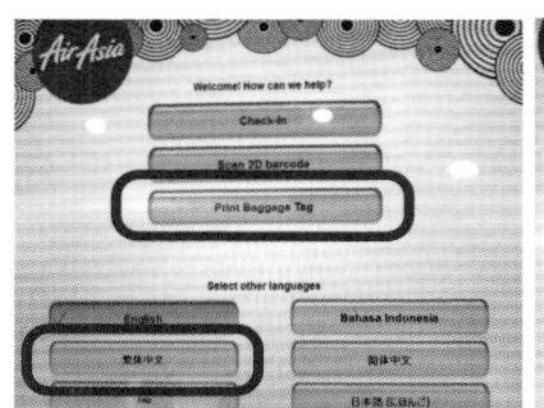

Step 2 選擇想要輸入資料的方式

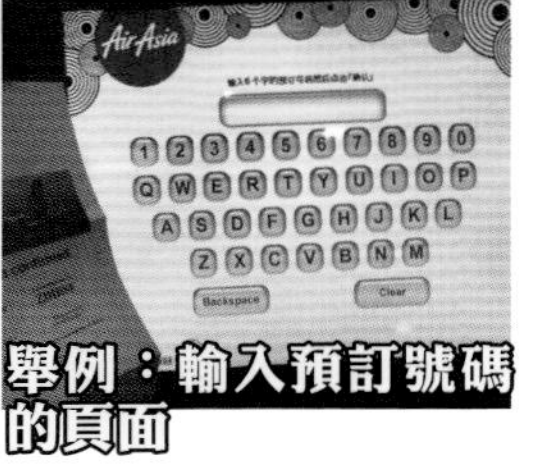

舉例：輸入預訂號碼的頁面

Step 3 確認乘客資料

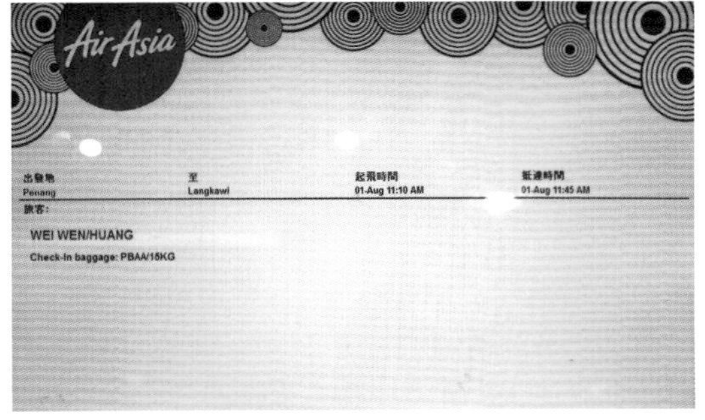

Step 4 確認行李無危險物品

按下×鍵

Step 5 確認行李件數並列印

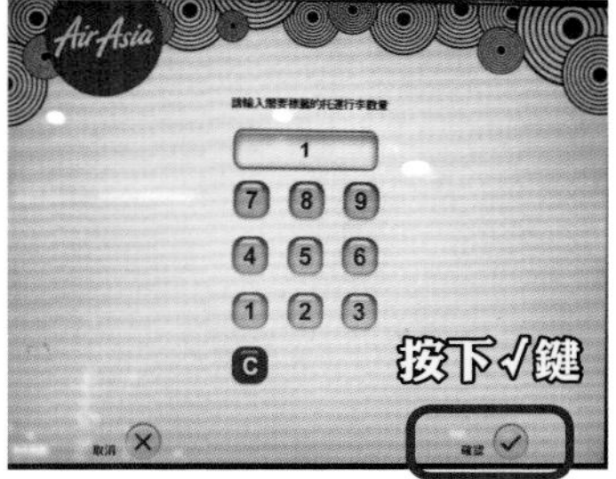
按下√鍵

Step 6 取出行李條

Step 7 託運行李

KLIA 2的託運行李櫃檯已採自助式，須自行用掃描機將行李條掃描後，綁貼在行李箱上，並放上去秤重。如果行李重量在標準內就可以進入輸送帶，反之，若行李超重完全沒有求情的餘地，須當場按照超重量支付超額費用，因此，強烈建議買隨身行李秤隨時確認行李重量。

轉機步驟
Step by Step

請參見P.45「轉機步驟」。

▲跟著指標走就會看到辦理轉機的櫃檯

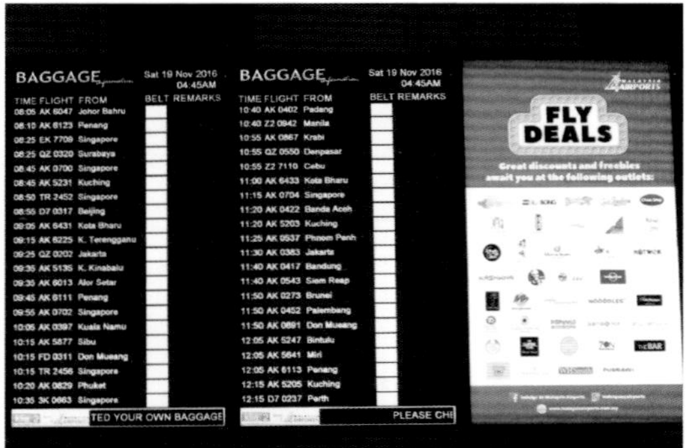

▲保險起見，前往登機門之前，再次確認登機口是否有更改

貼心小提醒

廉價航空搭機注意事項

馬來西亞的廉價航空以Air Asia為大宗，他們對行李尺寸的規定頗為嚴格，務必遵守行李大小與重量限制規定，如果在登機前被發現超重或尺寸不合，罰款很高。所以強烈建議購買小型電子行李秤，確保行李的重量。並且一定要預先在網上買足需要的行李公斤數，在運費狂漲的年代，準備周全才能減少懊惱的機會。

從機場前往市區
Transportation

機場快線

請參見P.46「搭乘機場快線Step by Step」。

機場巴士

詳細說明請參見本篇章P.47「搭乘機場巴士Step by Step」，惟此處營運至中央車站的巴士公司與KLIA不同，有SkyBus、Aerobus及Airport Coach。

計程車(Teksi)

請參見P.48「搭乘計程車Step by Step」。

檳城國際機場 PEN

檳城國際機場不大，在機場內不會搞錯方向。

轉機步驟 Step by Step

相關入境步驟可參考P.42吉隆坡國際機場的「入境步驟」。以下步驟圖解是以從檳城出境為例。

Step 1 依照指標前進

檳城國際機場是國內與國際合併的機場，入境在L1，出境在L2，機場不大不會弄錯。

Step 2 領取登機證

如果是廉價航空需使用自助Check in，傳統航空可自由選擇自助或是臨櫃辦理。

Step 3 檢查隨身行李

進入正確的出境入口，然後會有安檢區，隨身物品須符合一切飛航安全規定。

Step 4 前往登機門

前往登機門的途中也有一些商店，可以在這裡喝喝咖啡、買土產，打發時間。

從機場前往市區

Transportation

機場至市區喬治市約15公里的距離。

搭乘計程車 Step by Step

Step 1 至L1找尋計程車購票櫃檯

Step 2 購票

櫃檯服務時間是07:00～23:00，搭乘至喬治市市區的光大購物中心(Komtar)，車資是45RM。夜間搭乘會加成50%。

Step 3 上車

跟著地上紅腳印前往乘車地點

搭乘巴士 Step by Step

Step 1 前往L1等待機場巴士的地點

出境大廳的門外過一條小馬路到對面，可以看到候車亭。建議搭乘401E公車，因為是走高速公路直達光大新站及Jeti碼頭，兩站都屬喬治市中心。102巴士也可以，但須耗時較久。車資均為2.7RM。

401E行駛時間：05:45～22:30，102行駛時間：06:00～23:00。

往來市區車程約25分鐘

Step 2 購票

上車直接向司機購票。

Step 3 上車

如果旅館在喬治市的老城區，建議在Jeti碼頭旁的總站下車。

蘭卡威國際機場 LGK

蘭卡威機場小小的，但該有設施五臟俱全。

從機場前往市區

Transportation

蘭卡威機場很小，島上的公共交通不方便，在島上最好的移動辦法是租車。

▲下機後如果沒有空橋，需自行走進航站

▲蘭卡威機場的國內外入境都在同一個入口

租車

請參考本書「交通篇」P.82。

計程車

搭乘計程車 Step by Step

提領行李

提領行李後走進出境大廳即可看到計程車購票櫃檯。

購票

到北邊的瓜鎮約30RM，到南邊的珍南海灘約24RM。車資起跳價格是8RM。

上車

L1出境大廳外即可看到排班計程車的上車處。

亞庇國際機場 BKI

亞庇國際機場不大，卻是距離台灣最近的馬來西亞機場。

亞庇國際機場距離台灣桃園機場只有3.5個小時的直飛航程，是到馬來西亞最近的一個機場。值得注意的是，不論是從台灣或是馬來西亞其他州抵達這裡，都需要經過證照查驗這個過程。相關出入境步驟請參見P.42。

轉機步驟 Step by Step

依照指標前進

走出空橋進入航廈，會先經過一排商店街，就會看到轉機指標。

▲轉機的指標

前往轉機口蓋章

東馬的沙巴州與砂拉越州於1963年加入大馬聯邦時，有所謂的「馬來西亞協定」，因此在這兩州轉機都需要先蓋一次入境章，即使你即將前往的地點仍是馬來西亞的某一州。如果在台灣已拿到兩段登機證，直接從B6登機門的樓梯下樓後，到移民關蓋章，再上樓跟隨轉機指示前往行李安檢處。

檢查隨身行李

前往登機口的方向會碰到檢查隨身行李的安檢區，隨身物品須符合一切飛航安全規定。

前往登機門

前往登機門之前，需再次確認登機口是否有更改較保險。

▲馬航內部的座椅顏色相當繽紛

從機場前往市區

Transportation

搭乘巴士 Step by Step

Step 1 購票

至L1購買機場巴士車票。

Step 2 乘車

出機場大廳後找尋PICK UP POINT的看板就是乘車處。

Step 3 下車

▲位在市區的機場巴士售票亭與候車亭

行家秘技 亞庇往市區的巴士下車點

下車點同時也是市區前往機場的上車點，都在市中心。機場往市區的下車站依序是Centre Point、Horizon Hotel和Merdeka Field。如果是市區往機場則是從Merdeka Field開始、然後Horizon Hotel及Centre Point。

搭乘計程車 Step by Step

Step 1 提領行李

提領行李後走進出境大廳即可看到計程車購票櫃檯。

Step 2 購票

到市中心的車資是30RM。

2. Customer's Copy Budget

PERKHIDMATAN TEKSI LAPANGAN TERBANG ANTARABANGSA KOTA KINABALU

Txn No : 2508771
Destination : Jesselton Ho tel
Zone : Zone 2
Price : RM 30
Time Issued : 07/Dec/2012 12:10
Issued By : latifah

Terms & Conditions:
This ticket is valid for 1 Cab Trip and 1 Stop (from Airport to Indicated Destination) on the day it was issued.
Please note there is a 50% surcharge between 11:50pm - 6:00am

Step 3 上車

跟隨指標前往排班計程車上車處。

古晉國際機場、美里機場 KCH、MYY

古晉國際機場不大，但距離市中心非常近，很方便。

台灣目前沒有直飛古晉，需從亞庇、吉隆坡及新加坡等轉機抵達。與沙巴相同的是無論是從他國或馬來西亞本國其他州抵達古晉，均是要走國際入境通道。只有砂拉越州其他城市出入境的才能走國內航線通道。

▲入境大廳的砂拉越原住民特色接機(砂拉越觀光局接待)

從古晉國際機場前往市區

Transportation

古晉的市區大眾交通工具尚未像其他城市一樣普遍，所以機場至市區的交通以計程車為主。此外也可以考慮租車。計程車搭乘步驟如同其他機場，先至出境大廳的計程車櫃檯購買乘車券。機場至市區河濱公園一帶的車資約30RM。

▶古晉機場計程車購票櫃檯(古晉機場部分照片提供／沈國成)

從美里機場前往市區

Transportation

美里的市區大眾交通工具尚未向其他城市一樣普遍，所以機場至市區的交通以計程車為主。此外也可以考慮租車。計程車搭乘步驟如同其他機場。

▲美里機場入境大廳

指指點點馬來文 ABC

●機場實用單字

中文	機場	大廳	登機證	護照	安檢處	海關
馬來文	Lapangan Terbang	Dewan	Pas masuk	Pasport	Pusat pemeriksaan keselamatan	Kastam

中文	移民局	洗手間	出境	入境	候機室	行李
馬來文	Imigresen	Tandas	Keluar	Balai ketibaan	Bilik menunggu	Bagasi

中文	手提行李	提領行李處	機場巴士	過路費	高速公路	機場快線
馬來文	Bagasi tangan	Tuntutan bagasi	Airport Bus	Tol	Highway	KLIA Ekspres

●時間用法

中文	早上	中午/下午	晚上	多少	鐘	分	一半
馬來文	Pagi	Petang	Malam	Berapa	Jam	Minit	Setengah

例句：

1、現在幾點了？ Jam berapa?
2、現在下午兩點。 Jam dua petang.
3、現在晚上七點半。 Jam tujuh setengah malam.

●馬來西亞華語vs台灣華語：時間篇

台灣華語	現在七點半	現在一點五十五分
馬來西亞華語	現在是七點六個字	差一個字兩點

豆知識

為什麼馬來文與印尼文很像？

馬來文與印尼文相似程度高達9成左右，但是印尼文卻不等於馬來文，在古代，馬來西亞、印尼、新加坡、汶萊這些地方並沒有明顯的國界，所以文化上是互通有無的，這也就說明了印尼文與馬來文相似，而汶萊使用的語言是馬來文之原因了。

事實上，印尼人說得最多的語言是爪哇語，但是在二戰結束後，印尼獨立建國，把只有5%人口使用的印尼文定為國語。

交通篇 Transportation

馬來西亞走透透，該用什麼交通工具？

馬來西亞大部分的地方都是以自己開車為最方便的交通方式，對觀光客而言，能夠使用大眾運輸工具在市區觀光，最方便的城市是吉隆坡及檳城。此外，在州際之間利用長途巴士來旅行也相當普遍。前往馬六甲、檳城、怡保乃至新加坡等地的長途巴士都很頻繁，是省錢又方便的交通方式。

ertukaran ke Laluan Monorel KL
ERCHANGE TO KL MONORAIL LINE
Hang Tuah
rapidKL

吉隆坡的交通方式

吉隆坡大眾交通運輸十分多樣，但因為沒有共構整合，搭乘上需注意路線安排。

大眾交通運輸

Public Transportation

吉隆坡的大眾運輸系統可以統稱為「巴生谷綜合運輸系統」(Sistem Transit Bersepadu Lembah Klang)，一共由13條列車線和2條巴士線組合而成。這是為了所謂的「大吉隆坡計畫」，過去不論是轉乘或購票都必須分開進行，政府有鑒於此，進而將各自為政的大眾運輸整併串連。其中除了機場快線(P.46)，還有單軌列車、巴士捷運系統、輕快鐵、捷運，以及火車。

▲LRT的Hang Tuah站也是不同系統轉乘的重要站

單軌列車

票價：票價1.2RM起跳

車班時間：首班車06:00，末班車23:00

單軌列車(KL Monorail)自2003年8月通車後，就在吉隆坡的極精華地區擔任重要運輸工作。主要的路線是從蒂蒂旺沙站(titiwangsa)至吉隆坡中央轉運站(KL Sentral)與武吉免登(Bukit Bintang)的路線。單軌列車的車廂很短，所以車廂內人都會滿多的，停靠的站點大多是熱門的上下車地點，想要轉乘輕快鐵(LRT)的話，則可以通過Nu Sentral購物中心步行至中央轉運站(KL Sentral)搭乘；另一個轉乘點是在Hang Tuah站。單軌列車是在吉隆坡自助旅行時不可錯過的一項便利交通工具之一。

▲精短風格的單軌捷運

巴士捷運系統

票價：票價1.6RM起跳，搭乘巴士轉乘捷運 1.00RM

車班時間：首班車06:00，末班車00:00

巴士捷運系統(BRT Sunway Line)是快速的公共汽車路線，提供吉隆坡市區至雙威地區(Sunway)與八打靈再也(Petaling Jaya)的便捷交通。可以從中央轉運站(KL Sentral)搭乘火車(KTM)至Setia Jaya站轉乘。這個快捷巴士捷運系統對於疏通吉隆坡至雪蘭莪州其他城市的交通有很大的幫助。

輕快鐵

票價：票價1.2RM起跳

車班時間：首班車06:00，末班車23:15～23:30(不同路線有些許差別)

輕快鐵(LRT)是在吉隆坡移動時最方便的選擇。輕快鐵全名為巴生河流域輕快鐵系統(RapidKL Light Rail Transit)。目前已經通車的路線有：安邦線(Ampenmg Line)、格拉那再也線(Kelana Jaya Line)，以及大城堡線(Sri Petaling Line)。LRT是目前通車路線中，路線最完備的一種大眾交通工具，站點較多。

▲輕快鐵的月台及列車進站

捷運

目前吉隆坡的捷運(MRT)已通車的是MRT Kajang Line(加影線)，及部分2022年開通的MRT Putrajaya Line(布城線)，對於觀光客來說，加影線是比較容易搭乘到的路線。

▲蛋黃區的Bukit Bintang也有一個同名MRT站

火車

在吉隆坡旅行，有幾個地點則是搭乘火車(KTM)最方便，例如很受歡迎的Mid Velly購物中心以及黑風洞。通勤火車(KTM Komuter)主要有兩條路線：紫藍線的丹絨馬林站至芙蓉站(Tanjung Malim-Seremban)、紅線的黑風洞站至巴生港口站(Batu Caves-Port Klang)。其中位在茨廠街旁的Kuala Lumpur站更是英殖民建築的復古火車站。此外，到芙蓉站之後就已經是森美蘭州(Negeri Sembilan)的範圍，轉搭巴士可以到達海邊度假區波德申(Port Dickson)。

另外一種是城際火車(KTM Intercity)，其中西海岸線起自馬泰邊境的巴東勿剎火車站(Padang Besar)，一路開到馬來半島南端，最後會通過新柔長堤到新加坡，全長950公里。沿途會經過玻璃市、吉打、檳城、霹靂、雪蘭莪、森美蘭、馬六甲、柔佛等8個州和吉隆坡聯邦直轄區。

還有一種電動列車服務(KTM ETS)是速度較快的火車，可以從吉隆坡直達檳城威省的北海站。如果要從吉隆坡出發到其他州，可以考慮這一種方法比較省時。建議提前上網訂票，並且將車票列印出來，方便使用。

車票這裡訂

馬來西亞鐵路訂票

http online.ktmb.com.my

▲中央轉運站內的火車入口

觀光巴士

Public Transportation

目前吉隆坡觀光巴士(HOP-ON HOP-OFF)有停留23個站，幾乎囊括了吉隆坡市區的精華景點與購物點。觀光巴士分成一日票及二日票，成人票價分別是50RM及95RM，網路上購買會有折扣。票券的使用是以24小時及48小時計，購票後第一次使用時會在上面的時間剪一個洞，以後每次上下車遇到有人查票就把票拿出來給他們看就好。

▲觀光巴士上的2樓戶外座位要再另外多收2～3RM

想要搭乘這個觀光巴士，就直接到站牌等車，上車之後會有人來賣票，直接付款即可。觀光巴士大部分都會短暫停留幾分鐘讓旅客下車拍照，如果覺得時間不夠，就再搭下一班車。觀光巴士的營運時間是09:00～20:00。記得早點搭乘，才能在下班時間前把想去的景點都去完。

▲站牌與簡介說明

▲每10～15分鐘一班的觀光巴士是市區觀光的好幫手

吉隆坡觀光巴士的站牌

MATIC 馬來西亞遊客中心→KL Tower 吉隆坡塔→JALAN P. RAMLEE 彼南利路→Aquaria 水族館→Karyaneka 手工藝品中心→Bukit Bintang 武吉免登購物中心→Tengkat Tong Shin 武吉免登區→Ching Town 茨廠街→Central Market 中央藝術坊→Little India 印度街→KL Sentral 中央轉運站→National Museum 國家博物館→National Palace 國家皇宮→Lake Garden 湖區/國家紀念碑→Bird Park 鳥園→National Mosque 國家清真寺→Dataran Merdeka獨立廣場→Medan Mara 購物中心→PWTC 太子世貿中心→Titiwangsa 蒂蒂旺沙湖濱公園→Palace of Culture 文化宮→Citiback 花旗銀行→KLCC 雙子星(國油雙峰塔)

◀▲站牌都會有很明顯的數字圓圈代表站名

長途巴士
Public Transportation

在吉隆坡搭乘長途巴士到其他州或城市，大致上分成三個地方。第一個是在機場，此部分可以參考本書的「機場篇」(P.47)。另一個是位在茨廠街附近，靠近Jalan Sultan的富都車站(Pudu Sentral)，這個車站曾經是吉隆坡最大的長途車站，但現在已經把一半的客流量轉至南湖鎮交通總站(TBS)。

目前要前往北馬(檳城、怡保等地)的旅客可以到富都車站搭車，要前往南馬(新山、馬六甲、新加坡等地)的旅客可以從中央轉運站轉搭KLIA Transit或KTM ETS至南湖鎮站(Bandar Tasik Selatan Station)下車。

此外，許多人喜歡去小賭怡情以及涼爽氣溫的雲頂高原，可以從中央轉運站買車票上車，如遇過年節慶，巴士票都很熱門，記得提早購買。

▲TBS南湖鎮交通總站

路上觀察 女性專用車廂

馬來西亞對於博愛座及女性專用車廂的遵守程度，並不像台灣。在當地博愛座及女性專用車廂很多時候沒有發揮到該有的功能。男性也照樣進入女性專用車廂，不過也不會有民眾特別驅趕他們。倒是見過站務人員及列車長，會發揮職務賦予的權力維持該有的秩序。

行家秘技 免費巴士最省錢

除了「巴生谷綜合運輸系統」之外，吉隆坡還有CP值超高又非常方便的免費巴士。這是從2012年開始的服務，目前有11條路線，約每10分鐘就有班車行駛在雙子星塔、武吉免登購物中心、茨廠街這幾區，除了行經吉隆坡最熱鬧的精華地段以外，轉乘輕快鐵或單軌列車也很方便。在吉隆坡市區，遊客主要會搭乘到綠線、紫線、藍線、紅線這4條路線。

時間：週一～四06:00～23:00，週五～六06:00～凌晨01:00，週日07:00～23:00

4條路線詳情：

綠線：KLCC經Bukit Bintang返回KLCC

紫線：Pasar Seni經Bukit Bintang返回Pasar Seni

藍線：蒂蒂旺沙站(Terminal Pekeliling)經Bukit Bintang返回蒂蒂旺沙站

紅線：蒂蒂旺沙站經KL Sentral返回蒂蒂旺沙站

▲座位舒適且有Wi-Fi

大眾交通工具搭乘通則 Rule

吉隆坡的各車站均設有購票機，一台機器可購買多種類型交通工具的車票。

購票步驟 Step by Step

Step 1 點選要搭乘的車種

Step 2 選擇目的地

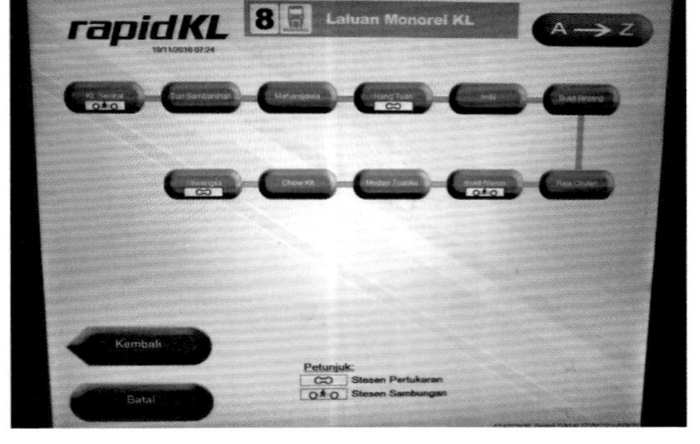

Step 3 確認金額及張數

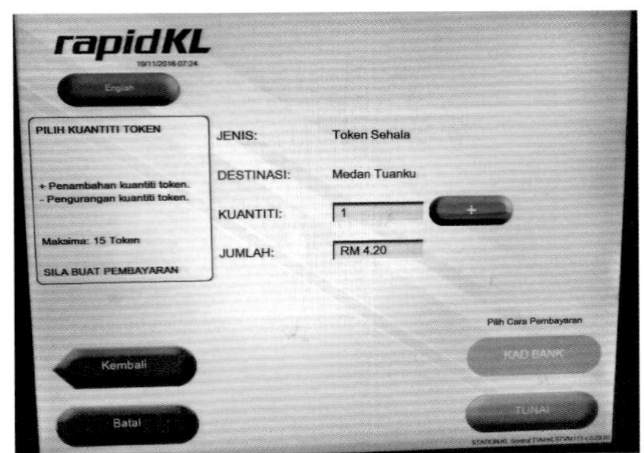

Step 4 投入紙鈔或硬幣

Step 5 取出乘車感應幣及找零

貼心小提醒

吉隆坡購票機注意事項

許多購票機器只能接受銅板購票，所以只有小額紙鈔也沒辦法買票。人工售票口最多只有兩名售票人員，所以在尖峰時間的幾個大站，常常可以看到大排長龍的人排隊買票。記得身上最好隨時備好銅板零錢。

Touch'n Go交通卡

如果要避免買票麻煩的人可以考慮買一張Touch'n Go的交通卡，除了在捷運、輕軌、公車、火車都可以使用外，有開車的人也可以當過收費站的付費使用，在KL Sentral及機場皆可看到販售機。交通卡需要先付10RM的押金及先儲值10RM的金額在裡面。

此外，舊版的Touch'n Go只用到2017年11月底，2014年之後購買的交通卡則無此問題。

▲Touch'n Go有自己專屬的通道

▲ Touch'n Go的自動販賣機

巴士站牌與車站

吉隆坡的觀光巴士、免費巴士及一般巴士的站牌，顏色會有所區別。單軌列車的車站Monorail及輕快鐵車站LRT並不是在一起的，需要步行一小段轉乘。火車站的標誌只需注意「KTM」這三個字樣，就不會與其他車站搞混。

一般市內巴士及觀光巴士都是上車時向司機購票，車上可找零，可先告訴司機要下車的地方，坐在司機附近，請他下車前提醒。

▲吉隆坡的一般巴士

▲觀光巴士站牌，有標示停靠站數字的圈圈

▲免費巴士站牌是紫色系的

貼心小提醒

在馬來西亞過馬路，要先按下行人通行按鈕，才不會等太久。

▲過馬路要先按下行人通行按鈕

檳城的交通方式

步行或搭巴士是最好的檳城遊玩方法。

大眾交通運輸

Public Transportation

觀光巴士

檳城的觀光巴士(HOP-ON HOP-OFF)與吉隆坡的觀光巴士是同一家公司在營運，因此票價相同，成人票單日券45RM，雙日券79RM，以24及48小時計算時間，此外還有成人單程券20RM。新關仔角站吉寧萬山站有售票點，其他站可上車購買。如果想要去市郊的景點，建議可以選擇觀光巴士的旅遊方式。觀光巴士一共分兩個路線，每20～30分鐘會發車。首班車是09:00，末班車是20:00。週五～日，末班車只到18點。

城市路線

Gurney Drive新關仔角→Bagan Jermal植物園→Penang Hill升旗山→Botanica Garden→Penang Hill升旗山→Kek Lok Si極樂寺→Time Square時代廣場→Komtar光大→Chowrasta吉靈萬山→ Unesco Heritage世界遺產古城區→Clan Jetties姓氏橋→Cruise郵輪碼頭→St.Geogre Church聖喬治教堂→Blue Mansion張弼士故居→Dharmikarama Burmese Temple 泰國廟

Beach Route海濱路線

Chowrasta吉靈萬山→Gurney Drive新關仔角→Straits Quay遊艇俱樂部→Flamingo 火烈島海灘→Miami Beach邁阿密海灘→Holiday Inn假日酒店→Hard Rock 硬石酒店→Tropical Spice Garden熱帶香料園→National Park國家公園→Escape Butterfly Farm蝴蝶園→Taman Rimba熱帶雨林公園

▲檳城雙層觀光巴士

▲觀光巴士站牌

▲觀光巴士價格標示

免費巴士

檳城喬治市的免費巴士是一個環狀路線，一共停靠市區裡19個站，所以又稱中心城區穿梭巴士。如果想要慢遊喬治市，可以選擇免費巴士及步行，就可以把喬治市區玩得相當透徹。想要搭乘免費巴士可以認明Rapid Penang CAT的字樣，起始站與終點站都是碼頭(Weld Quay)，第二站是巴士總站，巴士總站有一個專門的CAT月台。

免費巴士的開始時間是06:00，結束時間是23:40，約15～20分鐘就發車，相當便捷。

檳城免費巴士的站牌

Weld Quay 碼頭→Ferry Terminal 巴士總站(靠近姓氏橋)→Little India 小印度→Immagration 移民廳→Central Bank 國家銀行(光街站)→Museum 檳城博物館站→Lebuh Muntri 聖方濟教堂站→Lebuh Campbell 新街→Central Komtar 光大→North Komtar 北光大站→Jalan Kedah 吉打路→Chowrasta 吉寧萬山站→East Komtar 東光大站→Lebuh Carnavon 龍山堂邱公司→Kampung Kolam 甲必丹清真寺→Court 聖喬治教堂站→Sri Pinang Hall 檳州大會堂→Fort Cornwallis 康華利堡站→Lebuh Downing 道寧街

▼光大是喬治市的中心轉運站及購物中心匯集地

▲在巴士總站內即將發車的免費巴士

▲免費巴士站牌

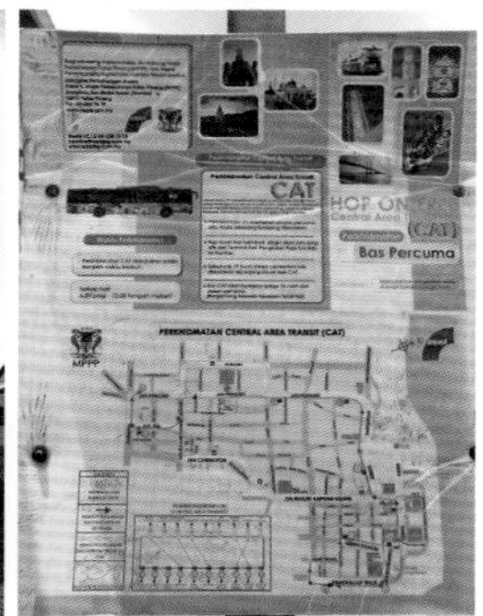

▲免費巴士路線圖

長途巴士

長途巴士站位在馬來半島上的威省境內，這裡可以前往吉隆坡、馬六甲、怡保等西馬著名城市，從喬治市要搭長途巴士，必須要先搭渡輪到威省。否則就是要搭乘飛機前往馬來西亞各大城。

▲渡輪抵達威省後就是一個巴士轉運站

火車

▲威省的鐵軌與火車

從吉隆坡行駛至檳城州威省的鐵路線稱作西海岸線，威省與喬治市土地並沒有連在一起，因此喬治市沒有火車，而位在馬來半島上的威省則是有西海岸線鐵路經過。自喬治市搭渡輪抵達威省，即可轉搭西海岸線火車(KTM)。

▲西海岸線的Butterworth火車站

船

如何前往碼頭

可搭乘CAT免費巴士到Ferry Terminal站下車，就可以依照指示從人行道步行至碼頭等候月台。(要開上船的汽車有專用道)。或是從姓氏橋步行至碼頭也只需幾分鐘的路程，碼頭位在檳城的老城區，步行很方便。

碼頭介紹

檳城碼頭有分成搭船的Ferry Terminal及旁邊不遠的Church street Pier。前者是乘船處，後者是具有英國殖民建築特色的碼頭，旁邊有一些景觀餐廳，主要是拍照及休閒用。記得不要走錯。

船班時刻

因為檳城州分成喬治市與威省兩部分，如果汽車要往來兩地必須要過檳威大橋，但尖峰時刻塞車嚴重，所以搭渡輪是經濟省時的方法。目前至檳城碼頭的以往來威省的人次最多。此外，一天

▲英殖民建築的舊碼頭(休閒觀光用)

有兩班船次前往蘭卡威，船程約150分鐘，單程船票是60RM。易暈船的人可選擇搭廉價航空至蘭卡威，只需半小時，票價也不會貴太多。七、八月時風浪較大，檳城至蘭卡威的航班容易停駛。

▲車子專用的上船通道

▲抵達威省碼頭

▲準備上船

▲準備下船

▲喬治市至威省船票價格很便宜

船票這裡訂

http www.langkawi-ferry.com

LANGKAWI ↔ PENANG

DAILY* The time given is in Malaysian time

DURATION : Approximately 2 hours 45 minutes

BOOK NOW

SCHEDULE

PENANG	LANGKAWI
8.30 AM	10.30 AM
2.00 PM	3.00 PM

LANGKAWI FERRY SERVICES SDN BHD (410704-H)

FARE

Type	ADULT ECONOMY	CHILD ECONOMY (3-11yrs)	CHILD ECONOMY (below 2yrs)
ONE WAY	RM 60.00	RM 45.00	RM 25.00
TWO WAY	RM 120.00	RM 90.00	RM 50.00

The above rate not include Port Handling Charge. (Adult: RM10.00/Way; Child/Infant: RM6.30/Way) The above rate & time schedule will be subjected to change without prior notice.Book Now

▲檳城及蘭卡威出發時刻表 ▲價目表

大眾交通工具搭乘通則

Rule

購票方式

搭乘檳城大眾交通工具，大部分是上車直接向司機買票，所以建議自備零錢及小額紙鈔。

▲上車投現或向司機購票

巴士站牌

檳城的站牌規畫得很完善，可在站牌處查詢班次與時刻表，市內公車與免費公車一般來說都算準時。

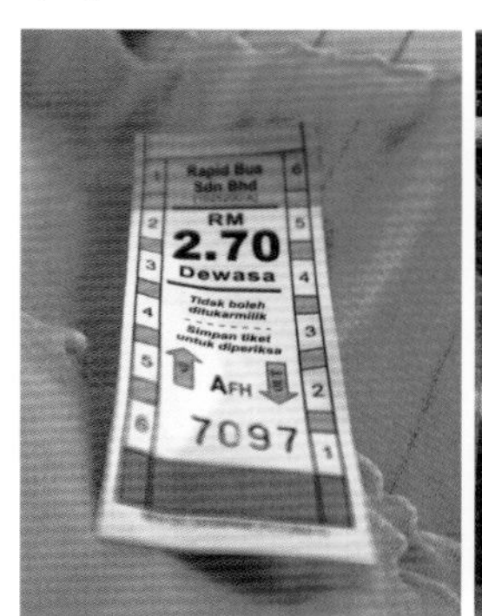

▲巴士票

▲巴士站牌上把路線及停靠站標示得很清楚

▲巴士座位

其他城市的交通

善用巴士，在大城市穿梭時可以省錢省體力。

蘭卡威

Langkawi

蘭卡威的大眾交通工具不便，自駕租車是最經濟方便的辦法。此外，從蘭卡威搭船去泰國的合艾，或搭船到檳城、霹靂州的玻璃市(Kuala Perlis)及瓜拉吉打(Kuala Kedah)也是許多人的選擇。

碼頭與搭船

蘭卡威最大的碼頭叫做Jetty Point，可以從這裡搭船到檳城，一天有兩班船班(可參考本篇P.72)，也可以從這裡前往泰國合艾(Hat Yai)或麗貝島(Koh Lipe)，船程約1小時。購票方式以人工售票為主，不同船公司會把開船時刻寫在窗口上，有些會搭配是否購買當地的水上活動或一日遊行程。

Jetty Point位在瓜鎮，大部分觀光客會選擇住在蘭卡威南邊的珍南海灘附近，兩邊距離約需40分鐘車程。若自行開車前往，碼頭旁有很大型的停車場，否則就是要預約司機接送。

碼頭旁邊有個小型的購物中心，蘭卡威本身是免稅港，所以酒及巧克力滿便宜的，碼頭旁邊有不少餐廳，提款機及洗手間等基本設施完善。

租車

請參考本篇P.82「租車」。

▲Jetty Point

▲售票處

▲美食中心及餐廳

▲碼頭外的計程車排班處

▲購物中心

▲碼頭旁就是著名的巨鷹廣場

馬六甲

Melaka

馬六甲景點集中老城區，對於短暫停留的自助遊客來說，步行、Grab、三輪車及巴士已經足夠。

一般巴士與長途巴士

馬六甲的巴士總站涵蓋一般市區巴士及長途巴士，車站的面積不小，是個十字型的車站，月台眾多。建議抵達時就先確認好長途出發的月台(Bas Antara Negeri) 以及市區巴士的月台方向(Bas Domestik)，才不致慌亂。

車站內有許多商店、餐廳，也有各巴士公司的售票櫃檯，還有行李寄存處。

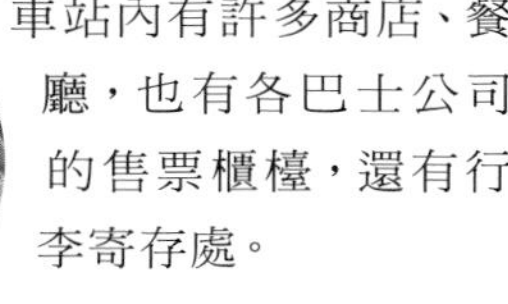

▲馬六甲長途巴士的座位舒適，冷氣頗強

▲各種路線及不同客運公司的售票窗口

▲巴士總站內的商店

貼心小提醒

購買長途巴士車票

馬六甲往來吉隆坡、新山、新加坡等地的長途巴士班次頗多，巴士公司有好幾家，建議抵達馬六甲後先買好回程的車票，以免當天購買想要的班次已經客滿。另外，抵達吉隆坡機場與吉隆坡市區的班次是不同的，需確認好目的地後再購買。不同公司的票價也會有所不同。也可參考網站，於網上訂票。

馬六甲巴士總站網址：

http www.expressbusmalaysia.com

行家秘技

如何前往荷蘭紅屋與雞場街？

前往荷蘭紅屋及雞場街的老城區，要搭乘17號市區巴士。車程約10多分鐘，票價1.5馬幣。回程不能在下車處上車，車子會繞行一大圈約40分鐘才抵達巴士總站，須至雞場街底的培風小學前面站牌候車。

另外，因為巴士站外除了大型停車場外還有很多排班的計程車，因此除非避開巴士站的出口，否則叫Grab會有點尷尬。如果要搭乘排班計程車的話，到紅屋區價格約20～25RM。

亞庇
Kota Kinabalu

亞庇的巴士以機場路線最為準確及方便，其他市區巴士路線，等車的時間不定，建議步行及使用Grab APP叫計程車，經濟省時。去神山的長途小巴可以至艾京生鐘樓(Atkinson clock tower)旁的巴士站排隊等車，坐滿12～13人即開車，每人票價20RM，車程2個小時。這裡也有前往沙巴其他城市的巴士路線。

碼頭與搭船

亞庇的碼頭叫做Jesselton Point，只要在亞庇市中心最熱鬧的Jalan Tun Razak路步行約15～20分鐘就可以看到。碼頭周圍有露天餐廳及小雜貨店，碼頭裡面有售票處，可以在這裡選擇前往「東姑阿都拉曼海島公園」的船班與行程，也可以購買海島水上活動。

火車

馬來半島及婆羅洲上的沙巴州均有鐵路行駛，日常通勤及觀光性質的火車都有，通勤火車從丹絨亞如(Tanjung Aru)至吧巴(Papar)車程約75分鐘，票價2RM，通勤火車上頗舒適，鐵道迷別錯過馬來西亞火車的魅力。

豆知識

北婆羅洲火車的歷史與通行

2023年9月起原來停駛的蒸汽火車路線重新出發。沙巴自1888年正式成為英國的保護國，至1963年脫離英國取得自治權，同年加入馬來西亞聯邦，成為大馬聯邦十三州之一。這條目前存在於婆羅洲的百年鐵道(North Borneo Railway)，由Tanjung Aru出發，一直到丹南。當初主要是用來運送菸草、可可、咖啡、橡膠等作物，並且希望更進一步開發熱帶雨林的自然資源。這條鐵路目前已經成為著名的觀光路線，但只由Tanjung Aru到距離約1小時車程的Papar，至於正常的通勤火車則於2011年也重新全線通車了。

▲超過百年歷史的蒸汽火車

▲長途客運及小巴等車處

▲小商店及設施完備的碼頭

▲通勤用的火車車廂與蒸汽火車截然不同

古晉、美里

Kuching, Miri

長途巴士

位在砂拉越州南端的古晉，長途巴士(EXPRESS Bus)的交通發達，一路北上經過泗里街(Sarikei)、詩巫(Sibu)、民都魯(Bintulu)、美里(Miri)、汶萊(Brunei)、亞庇(Kota Kinabalu)等都有巴士在行駛，搭乘的人還不少。在古晉四哩半的巴士轉運站(Kuching Sentral)是總站，這裡靠近古晉市區，搭計程車或是從河濱公園老巴剎一帶搭公車過來不是太遠，車程約15分鐘。

長途巴士約每2小時左右會停靠在小鎮的休息站，讓大家上洗手間再買點食物，動輒4小時起跳的長途路線，是除了飛機以外，暢遊婆羅洲時可以更貼近雨林及古晉日常的方式。

一般巴士

一般巴士的速度頗慢，有些公車是白綠相間沒有冷氣的老舊型號，近年來慢慢汰換成綠色的冷氣車款，沒冷氣的公車以自然風及不關的車門，呈現一種上個世紀的懷舊特色。大部分都是學生及土著會搭乘。巴士總站位在古晉河濱公園附近的印度街，靠近粉紅清真寺，票價2RM起跳，可以上車向司機購票。旁邊也有小巴，人滿就開車，車資比大巴士要貴。

▲白綠相間沒有冷氣的經典款公車

▲古晉常見的小巴，人滿即開車

▲古晉現在也有新款的冷氣公車

▲古晉巴士轉運總站

▲站內有許多家巴士公司的售票處

(部分照片提供／沈國成)

計程車

有的時候善待自己，搭乘計程車節省時間與體力。

Grab APP

Grab APP

使用APP叫車比較安心有保障，因為在馬來西亞申請成為這些網約車需要通過嚴格的審核，加上在後疫情時代，這些司機都規定有完整疫苗接種。雖然說目前在吉隆坡、古晉等大城市除了Grab之外也有亞航加入的Airasia ride的服務，但還是以Grab使用最普遍。以正常情況來說，用APP叫車除了比較有安全感之外，萬一掉了東西在車上，還有可靠的平台可以尋求幫助。

搭乘通則

馬來西亞在路上隨手攔計程車的情況並不像在台灣那麼方便，大部分只集中在某幾個少數觀光客多的地點會有排班計程車站，所以善用APP叫車，或是請旅館代訂計程車、網站事先預約機場接送或包車旅遊的司機，相對牢靠與安全。在台灣的KKday、Klook等網路平台，都能找到可靠的司機。

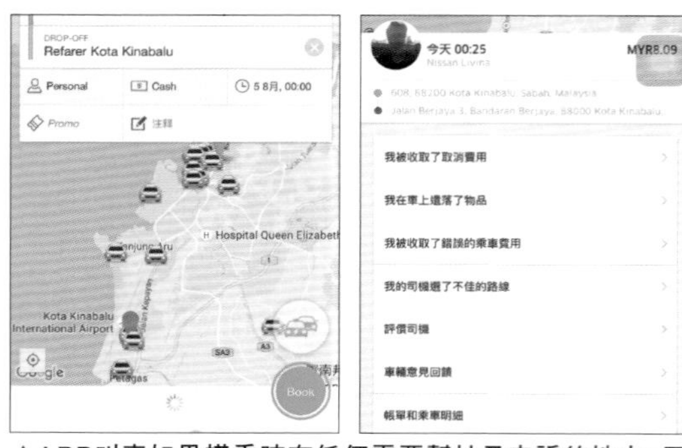

▲APP叫車如果搭乘時有任何需要幫忙及申訴的地方，可以點選所需服務

行家秘技　主動拍下等車位置，讓司機準確找到你

雖然在馬來西亞各地叫Grab非常方便，但像是大型住宅區、辦公大樓區，以及有很多出口的車站，因為APP的地址定位沒辦法完全準確，有時會差1～2個路口，這時要善用私訊功能，拍下等車的位置，主動跟司機聯繫。司機抵達後記得確認目的地，因為有的時候定位的地方距離若是和實際距離差太遠，司機會先主動告知要加價多少錢。這方面馬來西亞的司機大多都是誠實的，不會漫天要價。另外，有些大型區域的出入口牆上會標示英文字母、數字作為Meet點，在預約Grab時可以把這些Meet點代號輸入，司機就能準確無誤地找到你等車的地方了。一般來說，在有明確招牌的景區大門、餐廳門口、飯店門口預約都是比較容易的。

▲在辦公大樓林立的區域，利用牆上標示的英文字母準確定位

搭乘Grab步驟 Step by Step

Grab APP的特色是可以提前預約載客時間。

先打開APP，並且鍵入目的地

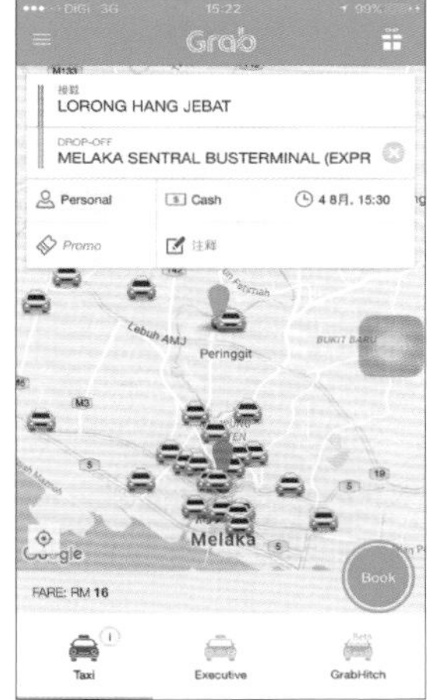

確定價格及路程所需時間

輸入欲搭乘的日期及時間

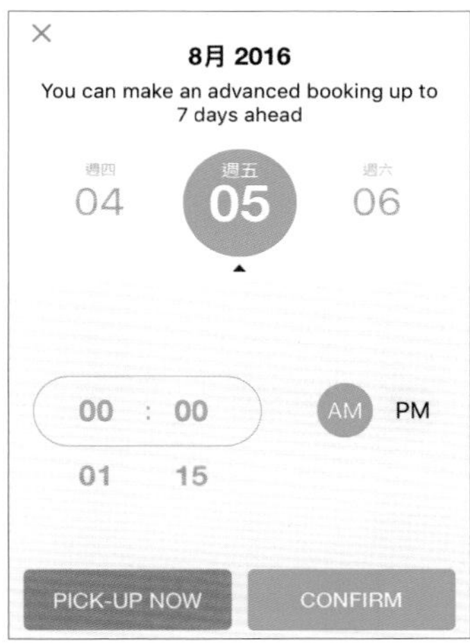

確定叫車並查看司機的個人評價及資訊

Step 5 司機即將抵達，準備上車

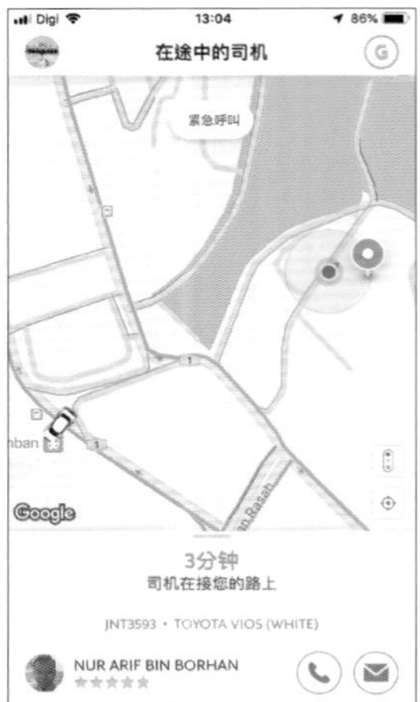

Step 6 上車

等待過程中，可直接傳英文訊息與司機即時聯絡。

▲熱門的上下車地點很容易看見Grab設置的招牌

Step 7 現金付款

Step 8 給評價

完成旅程後可以給予5顆星評價對於司機來說很重要。

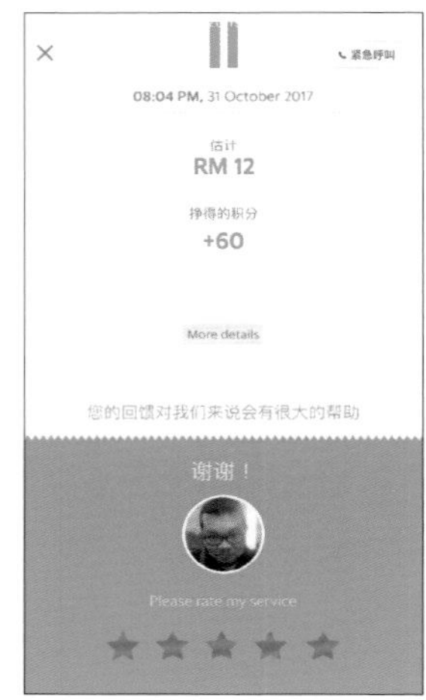

路上觀察 為什麼計程車司機會中途載朋友上車

馬來西亞不管是華人、馬來人或土著，傳統思維跟社會風氣都還是比台灣保守，所以當司機在晚上載客的時候，為避免單獨跟女性乘客在車上共處，會帶著自己的太太或朋友一起上車載客，又或是開車開到一半中途載朋友上車，避免尷尬的情況。

▲有加入Grab的計程車上有標誌

三輪車

選擇另類的交通工具，增添旅遊樂趣！

以三輪車當作觀光交通工具最盛行的城市是檳城與馬六甲。其中馬六甲推銷三輪車生意的情況比檳城更為積極。而檳城則是比較多自行租三輪車或腳踏車遊古城的行程，走在喬治市中心可見到許多遊客選擇用腳踏車或三輪車遊覽城市，一般較有體力的遊客會比較喜歡自己租腳踏車來探索古城魅力。不過選擇搭乘有點年紀的叔叔伯伯踩騎的三輪車，沿途聽他們介紹家鄉點滴，更有檳城思古情懷的特色。

檳城與馬六甲的收費相差不遠，由車伕載遊客遊覽的車資落在1小時40～50RM的價格，20～30分鐘大概是20～30RM。一個人旅行的時候，不妨試搭看看三輪車，車伕還能介紹景點或幫你拍照呢！

▲馬六甲的三輪車很繽紛

貼心小提醒

與三輪車有關的注意事項

如果是自己租腳踏車遊覽的話，就要記得交通行駛方向與台灣左右相反，在行進間記得速度不宜過快，才比較容易與其他車子保持安全距離。此外，在馬六甲的三輪車因為布置得相當花俏，吸引遊客拍照，有些車主會在你拍照後收取小費，建議拍照前先徵求車主同意並且確認是否需付小費。

▲檳城租借腳踏車與三輪車的地方很普遍

出發前記得申辦國際駕照，方便在馬來西亞自駕。

馬來西亞的蘭卡威、亞庇、古晉是適合租車自行遊玩的城市。吉隆坡塞車嚴重，使用大眾交通工具較恰當。檳城州的喬治市適合慢遊與步行，除非是到威省才有租車的需求。馬六甲則是景點集中老城區，步行即可，且在馬六甲開車也有不易找到停車位的困擾。

租車自駕 Step by Step

一般來說抵達機場或巴士客運總站，都可以很容易就看到租車公司的櫃檯。當然也可以在台灣時就上租車公司網站先訂好車子，到現場時直接找到櫃檯完成紙本工作與取車。

Step 1 挑選合意的租車櫃檯

這部分可以看櫃檯服務人員是否會說華語以及有沒有自己熟悉的租車公司，作為選擇的第一印象。

貼心小提醒

馬來西亞是右駕

在租到車子後上路之前，先小心地在停車場試踩油門及煞車，熟悉踩油門跟煞車的感覺，之後再緩慢離開停車場，並且給自己幾秒的時間去熟悉右駕道路的行駛路感。上路之後，遇到轉彎時要先想到是相反方向，所以右轉要開至對向車道，左轉則是同一車道，開個一兩次之後就可以很快的適應了。

Step 2 挑選車款及選擇價格

同一種車款，越新的車日租價格越高。租車費以日計價。

Step 3 付款及證件登記

須具備國際駕照，可接受信用卡及現金付款。

中華民國
REPUBLIC OF CHINA
國際汽車交通
INTERNATIONAL MOTOR TRAFFIC

國際駕駛執照
International Driving Permit

國際字第 03240682 號
International Driving Permit No.
1968年11月8日道路交通公約
Convention on International Road Traffic of 8 November 1968

有效日期 Valid until Jul 20 2016 - Jul 20 2019

發照日期 Date of Issue Jul 20 2016

國內駕照字號 No. of Domestic Driving Permit 普小 原照發還

交通部
MINISTRY OF TRANSPORTATION AND COMMUNICATIONS

Step 4 取車

櫃檯人員會給你一份文件，帶著文件到停車場找尋租車公司的人員取車。這個步驟最重要的是要幫車身的每個部分拍照，避免還車時，如果有刮傷會有糾紛。

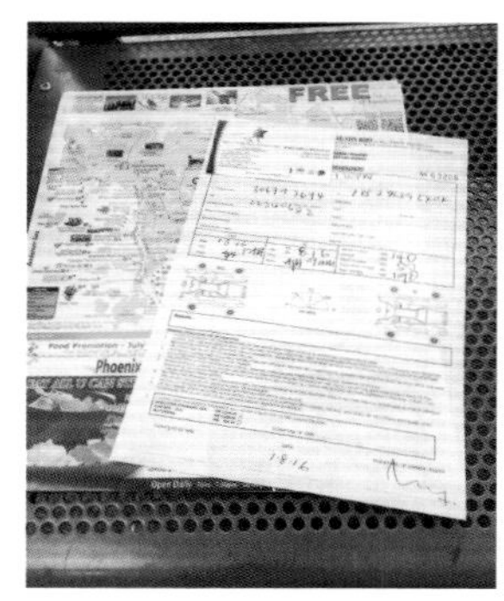

Step 5 還車

開回原地還車時，一樣找尋穿租車公司背心的工作人員，驗車及繳回文件。

行家秘技 如何使用停車場自助繳款機

與在台灣停車一樣，在取車前，記得先去自助繳款機付款，才能順利離場。

自助加油 Step by Step

在馬來西亞遇到自助加油站的機會滿高的，用現金支付油費的步驟如下：

進入加油站

選擇要加油的通道並記下數字。

付款

如果想要用現金支付，就走到加油站內的便利商店窗口，說明通道數字及欲支付的金額。

加油

返回車道，按照正常步驟打開油箱，打開油槍的安全閥就可以開始加油。

完成

扳回安全閥，檢查金額，蓋回油箱完成自助加油。

行駛圓環的注意事項

在馬來西亞開車時會常常看到圓環的標示，如果要選擇前進目的地方向時，行駛路徑會分布在圓環上，有的時候很簡單的只有左右兩個方向，有的時候一個圓環有3、4個出口。舉例而言，若導航系統說：「在圓環第二個出口下去」，這時就要眼明手快計算已經開了幾個出口，要是過了出口沒有下去，就要再繞一圈，或從其他出口出去，然後重新計算路線。在車子比較少的城市可以有很多失誤下錯出口的機會，但是在交通繁忙的路口遇到這種情況，還是不免會緊張跟多花費車程時間啊！

指指點點馬來文 ABC

●交通實用單字

中文	飛機	巴士	計程車	船	火車	地圖
馬來文	Pesawat	Bas	Teksi	Kapal	Keretapi	Peta

中文	右轉	左轉	直走	等一下	停	郊區
馬來文	Belok kanan	Belok kiri	Jalan terus	Tunggu	Berhenti	Suburbs

例句：

1、多遠？ Berapa jauh?
2、如何去那裡？ Bagaimana hendak ke sana?
3、黑風洞在哪裡？ Batu Caves ada dimana?
4、我要去… Saya pergi ke …
5、請在這裡等一下。 Sila tunggu di sini.

●馬來西亞華語vs台灣華語：交通篇

台灣華語	卡車	摩托車	開車	綠燈	開罰單
馬來西亞華語	羅哩	摩多	駕車	青燈	中saman瞭

台灣華語	要走多久？	開車過去嗎？	搭計程車多少錢？	是在這條巷子右轉嗎？	
馬來西亞華語	跑路要多久？	駕車過去嗎？	打的(Di)多少錢？	是這個羅弄右轉嗎？	

BIG MOV SLIDE
Your adventure starts here
Slide into your big dreams!

住宿篇 Accommodations

馬來西亞的住宿選擇很多，該怎麼挑選比較好呢？

馬來西亞因為有娘惹、原住民等富鮮明特色的文化，挑選有這樣風格的平價或精品旅館，是不錯的選擇。此外，時尚背包客棧與五星級度假村也應有盡有。

住宿指南

依照自己預算挑選適合價位的住宿。

類型與價位

Type & Rate

高級旅館＊度假村

各大主要城市都有五星級旅館，但建議如果想享受奢華度假村型式的住宿，可以選擇在蘭卡威，海景與放鬆的模式再適合不過；此外，吉隆坡的鄰近度假勝地：波德申及雲頂高原、亞庇的度假村及古晉達邁濱海度假村都很適合這種路線。

馬來西亞許多地方的五星級酒店收費一晚約在400RM左右起跳，不是那麼遙不可及的價格，當然也有很頂級的度假村。

▲五星級度假村的休閒

中價位旅館＊精品旅館

這個選項是我最推薦在馬來西亞住宿的選擇，一來價格實惠，二來許多中價位的旅館走精品設計路線，每種不同風格的旅館，會融入馬來西亞的特色元素去布置，例如蠟染、原住民雕刻、娘惹文化等多元風格。

中價位的旅館大約是150RM左右起跳。

▲有娘惹文化特色的旅館

▲有熱帶雨林風格的特色旅館

青年旅館＊背包客＊民宿

有預算限制的旅客選擇背包客旅館或民宿是最經濟的，房型不一定只有多人共住一間的宿舍房，也有單人房及雙人房，共用衛浴的價位會較便宜，有私人衛浴的價格較高些。

▲3～8人的宿舍房是背包客旅館最常看到的房型

近年在馬來西亞，Airbnb非常興盛，馬來西亞一般公寓或獨棟的住屋坪數都不會太小，短租公寓通常一晚的價格和住中上價位的旅館差不多，但卻能有客廳、廚房以及至少2～3間的房間，對於一家人入住或三五好友一起，是相對划算又舒適的選擇，還能透過住宿觀察到當地人的房型、裝潢的一些小細節。

各城市背包客集中區

城市	背包客集中區
吉隆坡	大多集中在武吉免登(Bukit Bintang)的亞羅街(Jalan Alor)及同善街(Tengkat Tong Shin)一帶。茨廠街則是另一個集中區。
檳　城	集中在喬治市的姓氏橋至小印度街一帶，主要街道有海墘路、土庫街、椰角街和愛情巷，這裡也是著名的街頭壁畫藝術區。
蘭卡威	大部分的觀光客都會選擇住在珍南海灘一帶，這裡離機場比較近，但到碼頭附近的瓜鎮有半個多小時的車程。
馬六甲	馬六甲的老城區範圍不大，觀光客也都集中在荷蘭紅屋區附近的民宿或旅館。
亞　庇	以加雅街(Gaya Street)為核心，步行10～15分鐘內的區域都是最熱鬧的集中區。
古　晉	河濱公園一帶是最精華的飯店及背包客旅館雲集之處。
怡　保	背包客集中區：分散於新街場與舊街場，訂房需看清楚以怡保火車站為核心的距離。
美　里	美里有背包客房型的可能少一些，但市中心布洛克路(Jalan Brooke)一帶有一些價格實惠的旅館，新舊都有。

貼心小提醒

現金付費

背包客旅館及特色民宿常只接受現金付款，有的會先在入住時收取100RM的保證金，退房後會歸還。需事前預備足夠的馬幣。

地點 Location

距離輕快鐵或單軌列車等交通站很近的旅館，價格都會比同等級的旅館要再貴一點，不過住宿地點接近交通站對於自助旅行是必須的，節省體力跟時間。吉隆坡以外的城市，住宿價格會更便宜些。

▲古晉河濱公園旁有許多價位不同的旅館

▲檳城喬治市的愛情巷附近也有許多背包客旅館

▲吉隆坡武吉免登區是旅館雲集的地區

各地經典住宿全攻略

吉隆坡

悅榕莊
Banyang Tree KL

2, Jalan Conlay, Kuala Lumpur, 50450 Kuala Lumpur, Wilayah Persekutuan Kuala Lumpur

+603-21131888

雙人房1,000RM起

由搭乘捷運(MRT)至Bukit Bintang站下車，步行約5分鐘即達；或搭乘Grab

reurl.cc/j36aaZ

這是悅榕莊集團在吉隆坡蛋黃區的新穎五星級酒店，在54樓以上的房間景觀出色、房型寬敞明亮，浴室的設計以及吧台區提供的備品等細節皆令人讚賞，如果預算足夠，不妨來體驗頂級五星飯店的住宿。位於59～60層的Vertigo高空酒吧是欣賞吉隆坡夜景的絕佳去處。

1.寬敞的房型／2.明亮的浴室／3.高空酒吧景觀

吉隆坡

宜必思吉隆坡市中心酒店
ibis Kuala Lumpur City Centre

32, Jalan Yap Kwan Seng, Kampung Baru, 50450 Kuala Lumpur, Wilayah Persekutuan Kuala Lumpur

+603-2778-3333

雙人房200RM起

紅線輕快鐵(LRT)KLCC站，出站後步行約10分鐘

宜必思酒店是許多國家都有的連鎖酒店，吉隆坡市中心的這家宜必思開幕時間不算太長，距離地標國油雙峰塔(雙子星)不遠，所以這家酒店最大特色就是高空無邊際泳池，在清晨或華燈初上時享受吉隆坡無價的城市天際線。房間設施都在水準之內，是相當受歡迎，常常客滿的一間酒店。

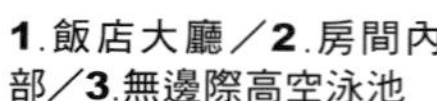

1.飯店大廳／2.房間內部／3.無邊際高空泳池

吉隆坡

吉隆坡雜誌精品酒店 The Kuala Lumpur Journal Hotel

- 30 Jalan Beremi, Off, Jln Sultan Ismail, Bukit Bintang, 50200 Kuala Lumpur
- +603-2110-2211
- 雙人房300RM起
- 搭乘單軌列車KL Monorail或捷運(MRT)至BUKIT BINTANG下車，步行3分鐘即達

這家雜誌精品酒店屬於中高等級，地點坐落在武吉免登蛋黃區，旁邊就是熱鬧的購物中心商圈，也很靠近亞羅街夜市，酒店外就有許多中東餐廳，還有小型雜貨店。是個機能非常方便的地方。酒店每個房間內都有一幅攝影作品裝飾，環境舒適。

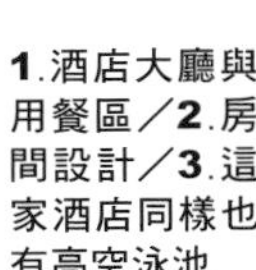

1.酒店大廳與用餐區／**2**.房間設計／**3**.這家酒店同樣也有高空泳池

吉隆坡

Wai Hoong 出租的整套服務式公寓

- 8 Jalan Wangsa Delima , Wangsa Maju,53300， Kuala Lumpur
- +60-12-6607991
- 三房兩衛浴整層公寓，含雙車位。最多可住7人每晚約300RM
- 搭乘紅線輕快鐵(LRT)至Sri Rampai站下車步行10分鐘
- 預訂：Airbnb：reurl.cc/KQ1AVn

The Hamilton是吉隆坡一座大型的公寓社區，地上1～6層是停車場，住戶設施有自助洗衣房、高空百萬夜景健身房、頂樓烤肉區、兒童遊樂設施與游泳池等。如果短租在這裡也能使用這些設施。

1.頂樓談心沙發區／**2~3**.單人房及衛浴／**4**.有百萬夜景的頂樓健身房

吉隆坡

A&R Urbanh Hotel

12, Jalan Seri Utara 1, Sri Utara Business Park, 68100 Kuala Lumpur
+603-6250-0777
雙人房100RM起
不靠近任何大眾運輸，但搭Grab很方便，價格也不貴

由一位印度人經營的小型旅店，房間非常乾淨，設計也時尚新穎，因為距離市中心有十幾分鐘的車程，也不靠近任何大眾運輸站，所以價格要比住在市中心省錢很多。不過交通不是太大問題，搭Grab非常方便，而且樓下就有個Makmak檔，附近也有便利商店和餐廳。距離知名景點黑風洞很近。

▲櫃檯旁邊有簡單的熱飲機可以無限自取飲品

▼房間設計很FANCY

吉隆坡

吉隆坡過境膠囊旅館 Capsule Transit (Airport Transit Hotel)

KLIA2機場入境大廳LEVEL 1
+603-76102020
單人房12小時125 RM起
搭乘機場巴士至市區Centre Point站下車，步行約6～8分鐘
capsuletransit.com

CAPSULE在吉隆坡有幾家裝潢很fancy的背包客旅館，在KLIA2裡的過境膠囊旅館，很適合由吉隆坡轉機去其他國家的旅館短暫休息的場所。膠囊旅館的動線雖有點像迷宮，但偶一為之頗有旅行的樂趣。大行李都要放在櫃檯前方的行李整理區，旅館會提供一個環保袋讓你裝盥洗用品及換洗衣物，方便帶進膠囊床鋪裡。因為旅館就在機場裡面。第二天要趕搭飛機者可以減少很多心理壓力。計費方式以小時計算，也可以不住宿單純只洗澡。

▲還算寬敞舒服的膠囊房間

吉隆坡

吉隆坡機場的轉機旅館

在吉隆坡KLIA2機場外有薩瑪薩瑪快捷旅店(Sama Sama Express KLIA2)及Tune Hotel旅店，兩間旅館都是走標準化舒適路線，均有6小時及12小時計價收費，適合依照轉機需求短暫留宿的旅客。後者在馬來西亞、印度、印尼、英國各地都有連鎖旅館。還有一間五星級飯店是薩瑪薩瑪酒店(Sama Sama Hotel)，訂房時要看清楚飯店的英文名字。

▲離開KLIA2航廈，步行即可到達Tune Hotel

吉隆坡

比格M酒店 BIG M HOTEL

38, Jalan Tun Perak, 50050 Kuala Lumpur
+603-20222286
標準雙人房85RM起
搭乘LRT至Masjid Jamek站，出站後往Jalan Tun Perak方向，看到麥當勞即達，全程步行2分鐘以內
www.bigmhotel.com.my

1.中規中矩的標準雙人床／2.乾淨的衛浴

位在吉隆坡的市中心，距離獨立廣場、茨廠街這些地標景點均可步行，Masjid Jemak LRT站就在旁邊，樓下是麥當勞，附近有許多便利商店及吃東西的地方。旅館價格便宜，從櫃檯員工到警衛服務都很親切，房間乾淨舒適，可以說是到吉隆坡住宿的好選擇。

波德申

馬來西亞大紅花度假村 Lexis Hibiscus Port Dickson

12th Mile, Jalan Pantai, Port Dickson, 71250 Pasir Panjang, Negeri Sembilan
+606-6602626
海上小屋550RM起
從吉隆坡KLIA機場開車約1小時即達
www.lexishibiscuspd.com

馬來西亞類似的度假村雖然不斷推陳出新，但是擁有最多私人游泳池渡假村稱號的大紅花渡假村還是滿受歡迎的。雖然這個度假村位在森美蘭州的海濱度假區——波德申(Port Dickson)，但距離機場開車只需1小時的車程，相當適合來這裡放鬆享受。不管是海上小屋或是大廳那一棟的豪華房，房間的配套都包括室內小泳池、桑拿室，以及一共有14個枕頭的兩張超舒服的床。由於從海上小屋走到大廳大概需要10分鐘，飯店會貼心地為每間房準備1袋飲料與小點心。在房內午睡、泡在小泳池中看海，非常愜意。

1.海上小屋區／2.一共有14個枕頭的2張床／3.房間外的小泳池

檳城

香格里拉沙洋度假酒店 Rasa Sayang Resort

Batu Feringgi Beach, Penang, 11100, Malaysia
+604-88888888
雙人房550RM起
距離檳城國際機場開車約30～40分鐘
www.shangri-la.com/penang/rasasayangresort

這家五星級度假村位在峇都丁宜，附近都是高檔的度假村，後方就有自己的沙灘，許多家庭到檳城旅遊會選擇這樣的度假村享受度假樂趣。

檳城

紅色小屋旅店 Red Inn Cabana

No. 22, Leith Street, 10200 Penang
+604-2621990
雙人房(私人衛浴)80RM起
至機場搭乘401E巴士至市區巴士總站，步行約15分鐘可達。有大行李時，可叫GRAB
www.gopenang.my/red-inn-cabana

這家紅色小屋旅館走平價溫馨路線，房子不算新，但算乾淨。有提供簡單的早餐，位在喬治市的中心，距離著名的壁畫街弄與其他景點都可以步行到達。地點鬧中取靜。由於是老房子改建的旅館，所以沒有電梯，行李要自己搬上樓。

1.位在巷子內的大門口／**2**.1樓戶外公共區／**3**.房間簡單乾淨，空間寬敞

檳城

復古之家 Vintage House

✉ 89&91 Victoria Street, 10300 Penang., Malaysia
☎ +604-2618991
$ 雙人房120RM起跳
➡ 至機場搭乘401E巴士至市區巴士總站，步行約10分鐘可達

這家算是檳城的特色民宿，是有娘惹風格的老房子改建的旅館，非常有味道。從這裡到喬治市的精華景點步行均可到達，老闆娘人非常好，可以幫忙叫計程車或親自開車接送至公車總站。旅館的冷氣很強，食物及水都採自助式，浴室有兩間採共用，也有洗衣機，住在裡面就像住在自己的家。旅館門口過條大馬路，就有幾家做晚市生意的美味茶餐室，附近的交通及用餐都很方便。

1.雙人房很寬敞／**2~3**.娘惹復古風情的特色民宿

檳城

G Hotel

✉ 168A, Persiaran Gurney, 10250 George Town, Pulau Pinang
☎ +604-2380000
$ 雙人房570RM起
➡ 搭乘Grab從喬治市碼頭一帶前往，車程約12分鐘；或從關仔角夜市一帶步行約6分鐘
http gurney.ghotel.com.my

G Hotel是檳城五星級旅館，早餐豐富，床十分好睡，還有夜床服務，令人賓至如歸。高空泳池的景色也很棒，旁邊就是Gurney Plaza可以逛街。

1.飯店大廳／**2**.傍晚會來調暗燈光的夜床服務／**3**.豐富的早餐／**4**.無邊際泳池(以上照片提供／陳源芬老師)

檳城

賓樂雅度假村
PARKROYAL Penang Resort

✉ PARKROYAL Penang Resort Batu Ferringhi Beach, 11100 Batu Ferringhi, Pulau Pinang
☎ +604-8811133　　$ 雙人房380RM起
➡ 搭乘Grab前往，從喬治市碼頭一帶出發約25分鐘車程；從關仔角夜市一帶出發約20分鐘車程
http www.panpacific.com/en/about/about-prc.html

這間度假村位於喬治市峇都丁宜一帶，坐擁私人海灘，如果喜歡度假休閒風的旅客可以選住在這一區，距離喬治市市區的熱門打卡景點大約是30分鐘車程的距離。訂房時建議備註指定高樓層的房間，海景視野會更遼闊。

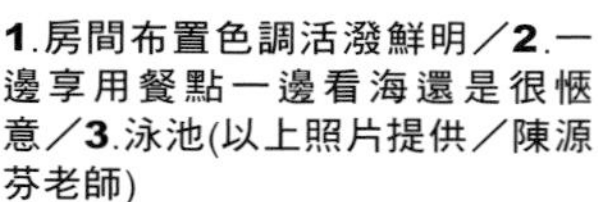
1.房間布置色調活潑鮮明／**2**.一邊享用餐點一邊看海還是很愜意／**3**.泳池(以上照片提供／陳源芬老師)

馬六甲

馬六甲遺產精品瑞士酒店
SWISS HOTEL Heritage Boutique Melaka

✉ 168, Jalan Tun Tan Cheng Lock, 75200, Melaka
☎ +606-2844111
$ 雙床房100RM起
➡ 自馬六甲巴士總站搭乘計程車約25RM
http www.swisshotelmelaka.com.my

瑞士酒店是馬來西亞連鎖的商務型旅館，馬六甲的這一間位在馬六甲老城區的雞場街附近，要去老城區內的各個地標景點都可以步行到達。旅館雖是舊旅館，但是很寬敞，也有電梯，房間內該有的設備一應俱全，價格也屬於平價。

馬六甲

馬六甲貴都飯店
Hotel Equatorial Melaka

✉ Bandar Hilir, 75000, Melaka
☎ +606-2828333
$ 雙床房180RM起
➡ 自馬六甲巴士總站搭乘計程車約25RM
http www.malacca.ws/equatorial

貴都飯店位在熱鬧的馬六甲市中心，前方就是英雄廣場及林立的購物中心，門口有麥當勞，右轉步行3分鐘就是馬六甲的葡萄牙古城堡等景點，晚上想要逛街吃東西都很方便。旅館算是中價位，房間設施標準，住起來滿舒服的。

馬六甲

馬六甲帝國酒店
The Imperial Heritage Hotel Melaka

✉ No 1, 1, Jalan Merdeka, Taman Melaka Raya, 75000 Melaka
☎ +606-2813545
$ 宿舍房150RM起
➡ 距離荷蘭紅屋區，步行約10～15分鐘

這家帝國酒店就位在英雄廣場購物中心的對面，房間滿寬敞的，酒店有重新整修過，早餐也頗豐富，晚上還能到對面去吃吃小攤，距離馬六甲精華景點都能步行到達。

1.吃早餐可看出去的街景／**2**.有各式道地現做早餐／**3**.房間內部

蘭卡威

蘭卡威T星小木屋
T Star Cottage Langkawi

✉ Pantai Tengah, Mukim Kedawang, Langkawi, 07000, Malaysia
☎ +604-9555551
$ 帳棚房RM55起
➡ 由蘭卡威國際機場開車前往約15～20分鐘

旅館靠近熱門的珍南海灘，開車約五分鐘的距離。旅館旁邊有餐廳及雜貨店，開車前往珍南海灘的途中會經過幾家SPA館及SUN商業小區。旅館本身沒有附停車場，但道路兩旁均可停車。

旅館是小木屋的特色，旅館內的庭院種滿熱帶植物，所以生態很豐富，如果想遇見早上有猴子來敲門，或是半夜有猴子把你擺在露台的零食吃掉的情況，就要選住二樓。二樓的房價貴一些，剛入住時也會比較熱。一樓房價較便宜也比較涼快，但比較不具隱蔽性。還有另外一種帳篷式的住宿，沒有冷氣，但很受西方背包客的歡迎。在講究海景悠閒度假風的蘭卡威，算是很具強烈特色的旅館選擇，適合喜歡大自然生態的人。

1.質樸風格的小木屋度假村很特別／**2**.旅館內種滿了植物而且講究輕聲慢步，不要打擾動物／**3**.雙人房空間不大，房間是溫馨簡單的風格

亞庇

亞庇萬豪酒店
Marriot Resort

✉ Lot G, 23A, Jln Tun Fuad Stephens, 88000 Kota Kinabalu

☎ +608-8286888　$ 雙人房450RM起

➡ 搭乘Grab從機場前往，或搭乘機場巴士於市區下車後，步行約10～15分鐘即達

http reurl.cc/138MzD

亞庇萬豪酒店位在亞庇市中心，鄰近購物中心和菲律賓市集和海灘，附近有很多餐廳，飯店內的餐廳價格實惠也很好吃，泳池和餐廳都面向海景，如果有預算可以選住海景房型，十分寬敞，景觀迷人。

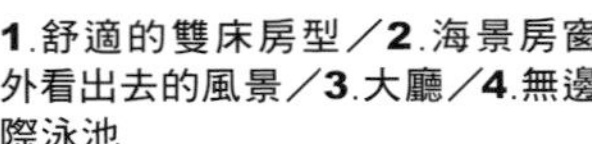
1.舒適的雙床房型／**2**.海景房窗外看出去的風景／**3**.大廳／**4**.無邊際泳池

亞庇

傑希頓酒店
Jesselton Hotel

✉ 69, Jalan Gaya, Pusat Bandar Kota Kinabalu, 88000 Kota Kinabalu

☎ +608-8223333　$ 雙人房200RM起

➡ 搭乘Grab從機場前往，或搭乘機場巴士於市區下車後，步行約10分鐘即達

http reurl.cc/M429LL

位在亞庇市區的中心地段，門外就是美食雲集的加雅街，市區的美食名店與景點還有前往海島國家公園的碼頭，都可從這裡步行5～15分鐘左右到達。飯店本身具有英國殖民風，頗有歷史感，過去曾接待很多名人，房間雖有些年代，但乾淨舒適。

1.飯店大門口／**2**.雙床房型

亞庇

亞庇哥打京那巴魯菲沃2號酒店
OYO 210 Hotel Five 2

No.6, Lorong Sentosa1, Jalan Merdeka Kampong Air, Sabah
+60-88210569　雙人房99RM起
搭乘機場巴士至市區Horizon Hotel站下車，步行約3分鐘

這間旅館的地理位置也位在亞庇市中心，步行到市區內的購物中心及餐廳、景點都不遠，這裡晚上會有小夜市，附近有很多便宜的餐飲店及雜貨店，距離機場巴士的站牌也很近，是個CP值高的選擇。旅館房間非常乾淨，空間跟基本設施都很舒適。

▲旅館都採原木的裝潢

亞庇

哥打京那巴魯城市快捷飯店
Cititel Express Kota Kinabalu Hotel

N0.1, Jalan Singgah Mata1, Asia City Kota Kinabalu Sabah
+6088-521188　135RM起
搭乘機場巴士至市區Centre Point站下車，步行約6～8分鐘
www.cititelexpress.com

這是一家連鎖型的中價位旅館，設施標準化也有一定的水準，在馬來西亞許多城市都有快捷酒店可選擇。亞庇的這一間房間很小，但風景不錯，房內設施住起來很舒適。喜歡明亮乾淨方便的旅客，可以選住這種連鎖酒店。它位在亞庇市區，步行去市區的景點及熱門餐廳、購物中心都很方便。

古晉

欣悅精品酒店
Amamas Boutique Hotel

RH plaza, Lot 9902-9906, SL 57-61, Block 16, 93350 Kuching
+6082-528746
宿舍房100RM起
機場至旅館有免費接駁巴士

這家酒店新開張不久，因此設備非常新，空間寬敞、明亮舒適。酒店旁就有熱食中心，也有許多商鋪，如果要前往河濱公園等景點，可以搭乘Grab，很方便，以同樣的價位在河濱公園沒辦法住到同等級的酒店。

古晉

阿貝爾酒店
Abell Hotel

22, Jalan Tunku Abdul Rahman, 93100 Kuching
+60-82239449
雙人房135 RM起
距離古晉國際機場開車約15～20分鐘

位在古晉河濱公園市區的一間中型旅館，飯店的房間乾淨，電視及迷你吧的基本配備都有，但一般雙人房型空間不大，也沒有附早餐。一晚100出頭RM的價格，算是平價的經濟型旅館。

▼飯店大廳色彩鮮豔活潑

古晉周邊景區

達邁海灘度假村
Damai Beach Resort

P.O. Box 2870, 93756 Kuching Sarawak, Malaysia
+6082-846999
小木屋雙人房250RM起
從古晉國際機場開車約50分鐘
damaibeachresort.com/cn

距離古晉市區約40分鐘車程的達邁海濱區是著名的度假勝地。進入濱海區之後有連著三座的度假村，其中一個達邁海灘度假村，一晚200多RM的價格可以說是物超所值。度假村雖不是太新穎，但是充滿東馬的悠閒與土著文化元素在其中，早餐採Buffet式，住在這裡度個小假期是很放鬆的選擇。

1.小木屋房型外觀及度假村內一景／**2**.雙人房內部設施

古晉周邊景區

Retreat2 @ Serapi Matang

80, Jln Akses Stesen Troposcatter Gunung Serapi, Petra Jaya, 93050 Kuching, Sarawak
+60-82-453027
小木屋四人房型260RM起
從古晉國際機場開車約30～40分鐘
www.sbeu.org.my/retreatserapi

距離古晉市區約半個多小時車程的馬當山腳下，是一個被清澈河流環繞的度假村。非常適合三五好友自駕來這裡烤肉，感受青山綠水的贈禮。在砂拉越有越來越多這樣位在郊區的度假村。

1.小木屋的設計都頗新穎時尚／**2**.樹木扶疏，青山綠水

古晉周邊景區

The Happy Angler Homstay telaga ayer

Kampung Telaga Air, 93050 Kuching, Sarawak
+60-82-843206、016-3679337
雙人房50RM起
從古晉國際機場開車約30～40分鐘

這是個濱海民宿，同樣位在古晉近郊的馬當地區，放眼望去可見砂拉越河與南海的交界。這裡的海鮮豐富新鮮，旁邊有許多海鮮餐廳。因為是馬來人的村莊，在這家民宿是不允許喝酒的。

1.河與海交界的景色／**2**.在走廊看海喝飲料的度假氛圍

美里

晶木酒店 Kingwood Boutique Hotel

826, Jalan North Yu Seng, Utara, 98000 Miri, Sarawak
+60-84-415888
雙人房200RM起
從美里國際機場開車約15分鐘

晶木酒店是連鎖酒店，美里的這家就位在熱鬧的帝宮百貨對面，旁邊商店與餐廳林立。酒店有重新裝修過，所以房間內的設計都是時尚新穎的風格，舒適方便。

▲房內設計

美里

美里萬豪渡假村 Miri Marriott Resort & Spa

826, Jalan North Yu Seng, Utara, 98000 Miri, Sarawak
+60-84-415888
雙人房250RM起
從美里國際機場開車約15分鐘

萬豪渡假村是國際連鎖的度假酒店，步行10分鐘就到達熱鬧的布萊登海灘(Tanjong Lobang Beach)，傍晚之後有許多小吃攤及餐廳，可以享用美食看海景。

1.在馬來西亞可以用非常實惠的價格享受五星級酒店的待遇／**2**.在渡假村內的泳池可以一邊游泳一邊欣賞南海景色

住宿Q＆A

入住前先了解住宿須知，提升住宿品質。

Q1：小費怎麼給？

一般不需要特別給每日清潔小費，有的地方放小費在床頭，但第二天還是原封不動的在原處。如果覺得住宿滿意，在最後退房那一天可以放10塊馬幣在床頭當小費。

Q2：水龍頭的水可以喝嗎？

馬來西亞的水不能生飲，但刷牙漱口用水龍頭的水無礙。大部分中價位以上的旅館房間每天都會有2瓶免費礦泉水，許多青年旅館在大廳也會提供飲水機。但仍建議每天購買礦泉水飲用，補充水分。

Q3：有網路嗎？

馬來西亞的Wi-Fi相當普遍，一般旅館均有免費Wi-Fi使用，訊號強度依照旅館設施以及住宿房間的位置會有所差別，有些在房間裡訊號不夠強，但一般來說大廳網速都很快。

Q4：需要帶盥洗用品嗎

中價位以上的旅館均有提供簡單的盥洗用具及毛巾，但大部分的背包客旅館不會提供這些東西，旅客需要自備。

Q5：旅館提供免費早餐嗎？

大部分的背包客旅館均會提供簡單的早餐，可自行到廚房取用，好一點的旅館會現做餐點給你。中價位以上的旅館就要看訂房的時候，房價是否有提供早餐，如果沒有，其實馬來西亞到處都可以看到平價美味的街邊茶室，到外面去吃早餐可是相當美好的開始。

Q6：需要先訂房嗎？

馬來西亞各種價位等級的旅館眾多，但如果考量地點及價位建議還是先上網訂房，且訂房網的價格較優惠，早點訂房可以有機會被安排到好一點的房間或是選到喜歡的宿舍房床位。

Q7：有什麼不能帶進去的嗎？

大部分旅館都繪有禁止帶榴槤及寵物進去的標示。

Q8：房間天花板的箭頭是什麼？

綠色箭頭是指麥加方向，方便穆斯林住客每天的祈禱。

行家秘技 訂房網上仔細參考評價

不管你用哪一個訂房網站，最好都以評分7.5以上的為優先選擇。在Booking.com、Agoda等國際訂房網上，一般旅客的住宿評價和上傳的照片都滿有參考價值的。要注意的是，馬來西亞廣受各地背包客青睞，也是歐美觀光客喜歡生態旅遊的地點，而西方人對住宿的喜好和亞洲人可能不太一樣，例如喜歡旅館旁邊就有酒吧或live band；或是不太介意旅館到搭車地點的步行距離。建議多看幾則來自台灣或鄰近亞洲國家的評價作為參考。

指指點點馬來文 ABC

●住宿實用單字

中文	洗衣服	單人房	雙人大床房	雙床房	冷氣	枕頭
馬來文	Dobi	Bilik Single	Bilik Double	Bilik Twin	Penghawa dingin	Bantal

中文	櫃檯	毛巾	衛生紙	早餐	被單	窗戶
馬來文	Kaunter	Tuala	Kertas tandas	Sarapan	Lembaran	Window

例句：

1、這裡有人會說中文嗎？ Ada sesiapa yang boleh cakap Bahasa Cina di sini？

2、我能借用你的電話嗎？ Boleh saya guna telefon awak？

3、能否幫幫我？ Bolehkah anda tolong saya？

4、你們有空房嗎？ Ada bilik kosong？

5、我想要退房。 Saya nak/mahu daftar keluar.

●馬來西亞華語vs台灣華語：日常篇 I

台灣華語	你好嗎？	有空嗎？	幹嘛？	開燈	無聊
馬來西亞華語	好嗎？	得空嗎？	做麼？	開火	sian

台灣華語	受不了	提款	進錢	不知道	
馬來西亞華語	北達喊	按錢	存錢	不懂 (Get不到)	

飲食篇 Gourmet

在馬來西亞吃哪些美食才不虛此行？

沒有冷氣的半露天式熟食中心，是享用平民美食的好去處。海景或頂樓的景觀餐廳也是不可錯過的度假首選。融合華人、各式香料的馬來美食是另一種無可取代的好味道。

THE FOOD MERCHANT

馬來西亞經典美食

道地飲食與小吃

椰漿飯(Nasi Lemak)

這是馬來西亞的國民美食，從最便宜的一份**2RM**到高級餐廳裡的好幾十塊馬幣都有。基本上有參巴醬、飯、炸花生粒、小魚乾、黃瓜切片，再依照價格增加水煮蛋、炸雞等配料。

叻沙(Laksa)

在東馬吃到的叻沙與西馬的亞參叻沙不同，前者湯頭濃郁，後者口感偏酸。叻沙香料與椰漿，加上粗米粉或麵條及蝦仁、蛋絲等配料的絕妙好滋味。

豬籠草飯

這是在東馬的點心，選用適合的豬籠草品種，將唇口剪開，用牙刷清洗內部，將米粒、炒過的花生及蝦米，椰漿等裝進豬籠草裡蒸熟，是很有熱帶雨林特色的小點心。吃起來跟粽子的味道類似。

肉骨茶(Bak kut the)

最早發源於雪蘭莪州的巴生，有乾炒的肉骨茶及砂鍋中藥湯底的肉骨茶。兩種各有千秋，都很好吃。

沙嗲朱律(Satey Celup)

這是在馬六甲很出名的美食，以沙嗲醬為火鍋湯底。食材均用竹籤串好，拿好自己喜歡的食物放進火鍋燙熟。結帳時以竹籤數目計價。

客家擂茶

馬來西亞的擂茶是鹹的。炒得鹹香的雪裡紅、菜脯鋪在飯上，加上用植物鳥不踏提煉出來的材料熬煮成綠色的醬汁，清熱保健，味道很苦，但搭配鹹香的飯非常清爽好吃。

老油鬼鬼的清粥油條豆漿

老油鬼鬼是專賣清粥油條與豆漿的著名店家，在吉隆坡武吉免登的十號胡同內，以及**KLIA2**航廈裡均可看到。

羅惹(Rojak)

用鳳梨、燙魷魚、空心菜、青木瓜等食材，搭配黑色的醬汁與花生粉，非常衝擊味蕾，但相當好吃。

馬來烤雞飯(Nasi Ayam Penyet)

馬來西亞的烤雞是沒有雞頭的。烤雞會搭配生菜、參巴醬與白飯，道地的馬來美食。

東炎蒸烤海鮮(Tomyam seafood)

東炎就是泰式酸辣口味，現挑海鮮種類，包裹在錫箔紙內在鐵板上蒸烤，味道鮮美。

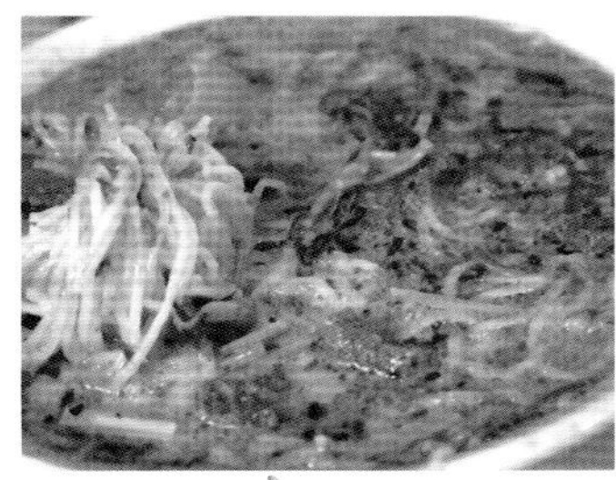

牛肉叻沙

大部分的叻沙都是海鮮配料，如果看到牛肉的記得一試。

烤雞翅

烤雞翅是許多饕客的心頭好。

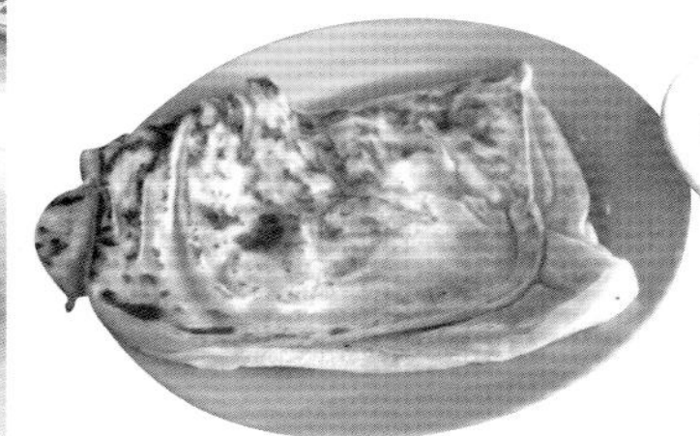

印度甩餅(Roti Canai)

印度版國民美食，最便宜的一份**2RM**左右，可以依喜好增加配料。

咖哩魚頭

咖哩魚頭是馬來著名料理，但是頗辣喔！

印度高塔脆餅(Roti Tisu)

糖粉及煉乳包覆在酥脆餅皮內，香甜好吃。

串串(lok lok)

這是馬來版的滷味，每種食材都串得好繽紛。

辣炒螃蟹

與新加坡的黑胡椒螃蟹有異曲同工之妙。

沙嗲(Satey)

以雞肉、牛肉、羊肉為主。

雞飯(Nasi Ayam)

這是華人的美食，亞庇的味雅雞飯是著名店家。

老鼠粉

吉隆坡茨廠街裡的美食，用砂鍋煮的肉燥米苔目，因米苔目形狀短胖，便命名為老鼠粉。

美林菜

類似過貓的山菜，在東馬才吃得到。

東炎海鮮湯(Tomyam soup)

跟泰式酸辣湯味道差不多，但在馬來西亞可以要求加牛奶進去煮。

糖炒栗子

吉隆坡茨廠街裡的糖炒栗子香甜有名，經過時記得買上一包當零嘴。

燒魚

燒魚的肉很Q彈，搭配香料口感極好。

烏打(Otak-Otak)

將魚肉泥與香料混和，包在亞答葉裡烤熟的馬來西亞小點心。

乾撈麵

麵條細而彈牙，是來到古晉必吃的道地麵食。

雞飯粒

把燙手並已加入雞汁調味的飯，揉成小飯糰，搭配海南雞，是馬六甲必吃的海南雞飯粒。

豬腳醋

馬來西亞人是補身體的傳統菜式。

四大天王

這是馬來西亞華人熱炒的熱門菜，顧名思義就是有秋葵、玉米筍、長豆、茄子共**4**種蔬菜，鹹香下飯。

忘不了魚

這是近幾年馬來西亞最身價不斐的宴客菜，一條魚上萬台幣。(圖片提供／柯如意前輩)

芋飯與酸菜豬肚湯

潮州人非常擅長處理豬肉料理，芋頭香鬆與飯合在一起的口感爽口，配上酸菜豬肚湯是懷舊好滋味。

奶油蘇東

蘇東在馬來語就是花枝的意思，在馬來西亞，只要看到熱炒的菜冠上奶油二字絕對必點，不管奶油雞或奶油蝦都非常好吃。

豬腸粉

豬腸粉其實和豬腸沒有關係，口感與廣式腸粉類似，但裡面沒有包餡，最後淋上花生粉、店家特調醬油與辣醬。當地多是由廣東人、客家人在販售豬腸粉。

樹菜炒米粉

當地也會稱作馬尼菜，家常的作法會拿來炒蛋，口味比較清淡。餐廳與米粉一起炒，有大鍋快炒的鑊氣，非常香又夠味。

咖哩麵

咖哩麵是日常的平民小食。

西刀魚丸

吉隆坡出名的魚丸湯。

魚頭米粉

魚頭米粉充滿膠原蛋白。

福建炒麵

用豬油及黑醬油炒的炒麵，鹹香好吃。

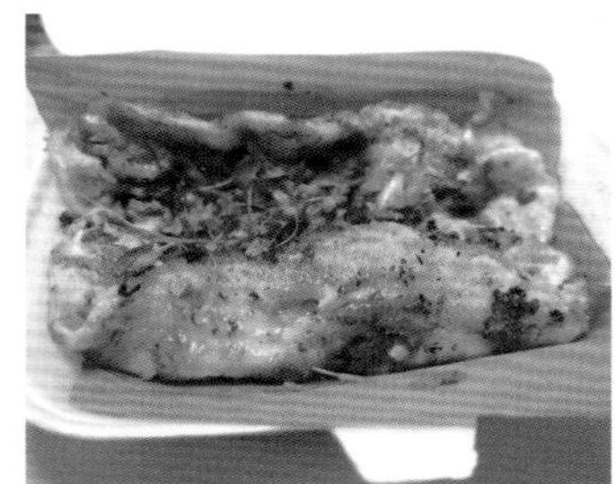

蠔烙

這是潮州人的蚵仔煎。

雲吞湯/麵

口感較接近香港的雲吞麵，與台灣餛飩麵不太一樣。

速食店

KFC

馬來西亞的KFC販售許多台灣肯德基沒有的產品，有機會可試試。

Marry Brown

這是馬來西亞本地的速食店，大部分的機場都有分店。

SugarBun

只有東馬兩個州才看得到的本土速食店。

水果與甜點

水果

馬來西亞各州有不同的榴槤品種，著名的有貓山王、竹腳、紅蝦等不同品種的榴槤，味道各有不同。在馬來西亞，是等果熟落地後才販售食用，香氣濃郁。東馬砂拉越州的榴槤產季是10～3月，檳城則是每年6月會舉辦「榴槤季」。

▲榴槤(Durian)
馬來西亞的榴槤是很出名的，味道較泰國的更醇厚濃烈。

▲馬來西亞最著名的貓山王品種

◀朗沙果(Langsat)
這個味道類似龍眼，但吃起來又有點接近柚子的口感。

◀蛇皮果(Salak)
又名沙叻，營養價值很高，富含果膠。果肉白中帶黃，味道酸甜。

▲紅毛丹(Rambutan)
紅毛丹有紅色的與黃色的品種，味道跟荔枝有點接近。

▲泰國檸檬(痲瘋柑 Limau Purut)
又叫皺皮柑，有柑橘類的清香，適合作為飲品及食物調理增添香氣。

▲金蕉(pisang mas)
口感比一般香蕉多了Q度，還有清甜香味。

必吃

◀ 釋迦(紅毛荔枝 Buah Nona)

果肉白，味道香甜。

▲ 山竹(Manggis)

山竹在西馬的產季是夏天，東馬則是在年底。台灣吃不到，想品嘗可得選對時間。(圖為果后山竹)

甜點

必吃

◀ ABC冰

這是馬來西亞最常見的冰品，最初是指剉冰上加紅豆，後來配料越來越多，就用ABC來稱呼，常見的配料有綠色涼條、紅豆、甜玉米粒等，淋上椰糖漿。

◀ 椰子布丁

著名的沙巴甜點，把布丁放在椰子裡成型，好看又好吃。

▲ 娘惹晶露

與ABC冰是差不多的東西，但是在以娘惹風情著稱的馬六甲就會用娘惹晶露來稱呼。

必吃

▲ 潮州煎蕊紅豆霜(Cendel)

這是在檳城喬治市老市場裡的著名冰品攤，「煎蕊」就是班蘭葉做成的綠色涼條(Cendel)的中文寫法。紅豆霜就是紅豆冰，這個與ABC冰、娘惹晶露都是差不多的冰品。

▲ 五層糕(Kueh Lapis)

▲ 曼煎糕(Apam Balik)

這個跟台灣的古早味點心麥煎餅很像，只是台灣的口感厚實，馬來西亞的酥脆，花生糖與奶油融化在脆餅裡，是街邊溫暖小點心。

▲ 麼麼喳喳(momocaca)

麼麼喳喳其實就是「摻摻」的意思，與ABC冰有異曲同工之妙。

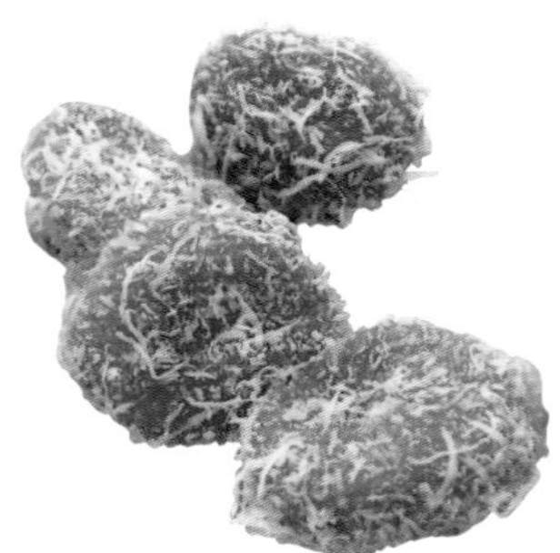

▲ 翁爹翁爹(Onde onde)

▲ 海南蒸麵包

蒸軟的麵包夾上奶油。

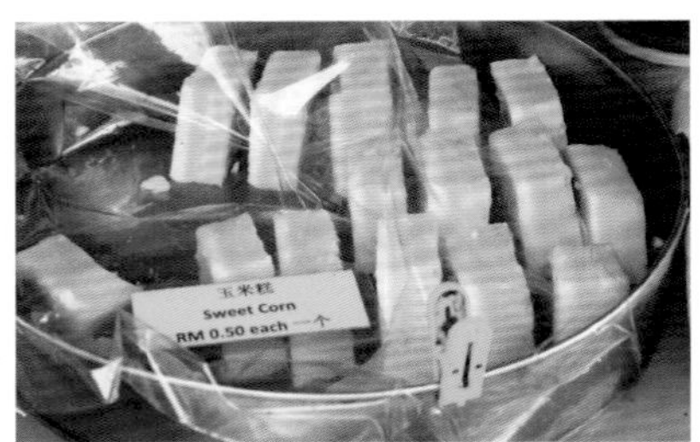

▲ 玉米糕

▲ 西米糕

▲ 糯米班蘭糕(Kueh Salat)

冰品與飲品

◀ 奶茶(The-C)

用煉奶與紅茶沖泡出來的奶茶。

必吃

咖啡(Kopi) ▶

這是加糖又加煉奶的咖啡，如果不想加奶要點咖啡烏(**Kopi-O**)。

三色奶茶 ▶

奶茶裡加了仙草、涼條等配料，配料越多種，就會衍生出四色或五色奶茶，一整杯喝下來會覺得太甜，但很受小朋友喜愛。

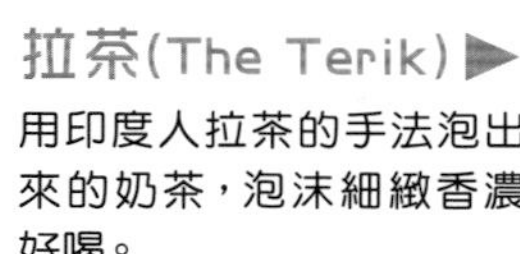

◀ 腐竹白果

熬煮的腐竹白果甜品，雖是熱的甜品但也很解暑。

必吃

拉茶(The Terik) ▶

用印度人拉茶的手法泡出來的奶茶，泡沫細緻香濃好喝。

▲ 荳蔻汁

這個是檳城特有的草本飲品。

豆知識

這樣講，學會點飲品

咖啡＝Kopi＝加糖加奶並且是熱的；咖啡烏＝Kopi-O＝加糖不加奶。

所以如果是想喝黑咖啡(無糖奶)的人，就必須講：Kopi O kosong (kosong是空的意思)。如果是想喝加奶不加糖的人，要說：Kopi C kosong(C是煉奶的意思)。如果是要喝冰的，最後再加上一個beng字(或是講Ice也行)。

至於奶茶及紅茶類，想喝冰紅茶，要說Teh O beng。想喝熱奶茶(含糖)要說Teh C，想要喝少糖的可以在後面加上kurang manis。若想點出一杯合心意的茶飲或咖啡，這幾個單字一定要練習說說看喔！

必吃

▲ 三酸水

三酸是指：酸梅、酸柑桔、檸檬，清涼酸甜好喝。

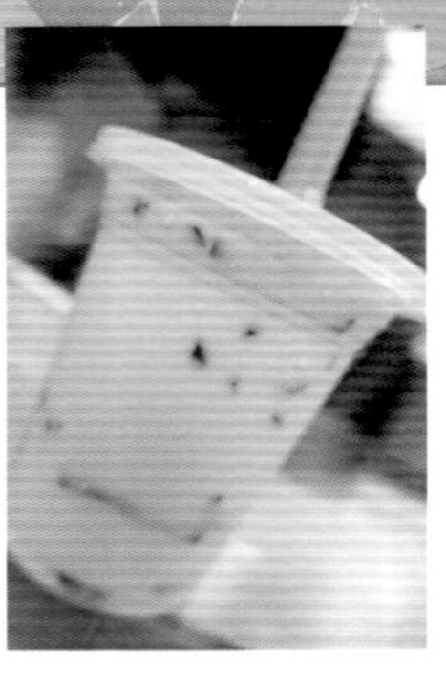

豆腐水+仙草 ▶

豆腐水就是豆漿，吉隆坡茨廠街裡有家出名的豆漿，還可以加仙草，口感特別。

▲ 酸柑水

酸梅加酸柑桔的飲品，酸甜好喝。

▲ 沙巴紅茶

紅茶的馬來語稱作**Teh-O**，其中沙巴產的紅茶茶葉特別出名好喝。

▲ 海底椰

海底椰是一種生長在海邊的果樹，如果有機會見到這種飲品，可以點來喝喝看，是台灣喝不到的口味。

▲ 海燕燕窩

這是一種藻類，但因為口感像燕窩，所以又稱海底燕窩。

必吃

▲ 涼茶

馬來西亞的華人街區可以看到傳統的涼茶鋪，通常是無糖的，健康又清熱解毒。

必吃

◀ 羅漢果

這是涼茶的一種，在街邊或夜市很常見。吉隆坡茨廠街裡的羅漢果涼茶就很出名。

100號 ▶

100Plus當地人又稱作**100**號，喝起來就是運動飲料口味的汽水，但具有消暑作用，適合流汗之後喝。

清熱水 ▶

馬來西亞的雜貨店及超市都會看到清熱水，具有消暑氣的功效，當地人會當作保健飲料。

必吃

▲沙梨果汁

清爽解膩的當地水果打成的新鮮果汁。

▲美祿

來到馬來西亞怎麼可以不喝美祿，這裡的美祿味道就是跟在其他地方買的不一樣，更香濃。

▲清涼冰

▲西瓜冰

◀椰子奶昔

以新鮮椰子汁加上煉乳與冰塊一起打成奶昔作為基底，還可以加上各種水果口味做變化，是兩年在馬來西亞(東馬比較常見)的熱門飲品。

◀薏米水

薏米水就是薏仁漿，但馬來西亞現煮的薏米水可以點無糖的，有的店家會留有薏仁不全部煮化，只要是現煮的都很好喝。但有的店家自己沒有現煮，就會拿罐裝的給你，點之前要先問是不是自己煮的。

行家秘技 什麼是MAMAK檔？

常是由馬來西亞的印裔穆斯林所開的餐飲店，店內有各種炒麵、炒飯，還有印度咖哩菜色的自助餐，有的店家會有印度甩餅。在這裡必點的飲品是印度拉茶(The Terik)。因為是穆斯林開的，所以一定符合清真規範，是三大種族都會光臨的餐廳，大多營業時間很長，有的會24小時營業。

▲MAMAK檔的咖哩菜色自助餐是美味又飽足的經濟選項

豆知識

海南咖啡

華人移民到馬來西亞以廣東省及福建省為大宗，而當海南人來的時候，發現許多工作已被占走，只好到英國人或土生華人(峇峇娘惹)家裡幫傭，久而久之習得好廚藝，許多在馬來西亞開咖啡檔賣小食的就是海南人，因是受西化飲食影響，他們多半泡得一手好咖啡。在馬來西亞開餐飲的第一屬海南人，第二多是潮州人。

▲經典的海南蒸麵包配奶油與咖椰醬

用餐須知

點菜前多問一句水、濕紙巾等是否收費，可減少誤會喔！

在馬來西亞的很多地方，不管是華人或馬來人經營的小餐館，你會發現其實沒有菜單跟價目表，這樣的餐館通常規模不大，而且位置在非觀光客會出沒的地點，大部分都是做街坊鄰里的生意。所以今天進了什麼食材，老闆會在點菜時一一念給客人聽，怎麼料理也都會當場跟客人溝通。價位上每個客人心中有一把尺，只要不超過標準太多，有時候就算東西貴一點，其實客人還是會一直來捧場，很多時候都是做交情、交朋友的。

此外，馬來西亞很少有餐廳會供應免費紅茶或開水讓客人喝到飽，天氣熱的國家賣飲料是最基本賺錢的生意啊！所以即使是點一杯很普通的茶，也都要收費。如果坐下來用餐，已經點了其他的飲料及菜色，再多要一杯開水的話有可能免費，但務必要跟老闆確認一下，以免結帳時造成誤會。

路上觀察　餐桌上為什麼會有水煮蛋

餐桌上會出現水煮蛋的情況，通常是在馬來西亞的甘榜(鄉村)茶餐室才會遇到。長途開車在馬來西亞是一件很稀鬆平常的事，如果身為素食者或是穆斯林，遇到簡單的茶餐室，坐下來用餐時發現飲食不合所需，那麼這個水煮蛋就是最好的應急充飢食品了。有沒有覺得很貼心啊！

豆知識

什麼是清真食物

除了不吃豬肉外，牛、羊、雞等草食性動物的肉類需經過穆斯林宰殺，先切斷咽喉、放血，禱告等符合教規的程序，完成宰殺的肉品，才是符合清真規定的肉品。魚、貝類等海鮮不在此範圍之內。

▲通過伊斯蘭教規屠宰、加工、製造的食品都會有清真食物的認證標記

用餐時間

Time

馬來西亞當地習慣的用餐時間跟我們差不多，街邊的平價茶餐室大概早上6點左右開始陸續營業，一直到中午過後便收攤，生意越好的店家越早打烊。下午4點左右會有專營晚市生意的店家及攤位出來，一直營業到晚上。有些熱鬧的大排檔會營業到凌晨1～2點，也有專做宵夜生意的店家徹夜營業。部分店家會整日營業，下午不休息。

速食店及連鎖餐廳、購物中心裡的美食街及餐廳等，則依照一般正常營業時間。便利商店的數量比不上台灣。檳城、吉隆坡這兩個大城市的市區，比較有機會看到24小時營業的便利商店。

豆知識

齋戒月時用餐怎麼辦

齋戒月期間，華人經營的餐館還是正常營業，在白天的時候，街市看起來會相對地比較冷清一點。但太陽下山，很多馬來檔或印度檔開市之後，就會看到很多平常不會看到的點心，這也是齋戒月期間另一種覓食的樂趣。

1.馬六甲的便利商店也有賣咖啡／**2**.這種古早味招牌的茶餐室，是馬來西亞飲食的精華所在／**3**.餐館大部分都是這種半露天式的

餐具

Tableware

▲華人餐廳會有筷子

不管在馬來人、印度人或華人的餐廳，湯匙與叉子配上一個平底盤，是最基本常見的餐具組合。華人的餐廳大部分會提供筷子，但當地華人用湯匙與叉子吃東西的習慣也很常見。

▲刀叉湯匙是基本餐具

路上觀察 是不是要用手抓飯

馬來餐廳及印度餐廳都會準備叉子及湯匙讓客人使用，所以毋須擔心一定要學會用手抓飯的技巧。但是馬來人、印度人及部分土著會用右手抓飯，據他們說這樣吃比較暢快。只要手能適應飯的溫度，送進嘴巴裡就不會燙口，要成功地把飯弄成一小糰送進嘴中，真的要訓練好幾次才能抓到訣竅呢！

▲餐桌上的茶壺與盆子是用來洗手的喔

夜市

華人檔、馬來檔、印度檔……是當地華人對夜市的慣稱，都要去試試才道地喔！

吉隆坡

吉隆坡最大的夜市就位在武吉免登的亞羅街(Jalan Alor)，這裡也是最知名的觀光夜市，越晚越熱鬧。以熱炒海鮮大排檔、黃亞華烤雞翅最為出名。其他如吉隆坡出名的西刀魚丸、燒賣、福建炒麵等華人美食這裡也應有盡有。來這裡之前最好留點肚子邊逛邊吃，再與朋友一起吃海鮮熱炒配啤酒，最是過癮。

茨廠街的夜生活本來就頗熱鬧，而且也有很多做晚市生意的檔口，而鬼仔巷一帶則是老區活化的典範，許多老店已改造成時尚的酒吧與餐廳，充滿年輕與國際化的氣息。

➡ 搭乘單軌列車Monorail至Bukit Bintang站下車，往金河廣場方向步行，沿著騎樓走可以看到路牌指示前往亞羅街的方向；鬼仔巷：搭乘LRT至Pasar seni站下車步行數分鐘即達

1.烤乳豬的攤位／**2**.燒賣的攤位／**3**.藏在老店巷弄深處的酒吧PS150／**4**.在鬼仔巷後方由老戲院改建的時尚餐廳酒吧

馬六甲

馬六甲的英雄廣場外的草皮廣場，除了旁邊的店家之外，到晚上會有街頭音樂表演以及一些餐車進駐，買份小食配上飲品，吹著晚風聽音樂，是馬六甲晚上的好去處。

此外，每週五～日傍晚，在老城區中心的雞場街(Jonker Street)都會封街擺市集，除了食物之外也有許多文玩攤位，喜歡古董文玩的朋友可以來此淘寶。

➡ 從荷蘭紅屋區步行約10分鐘即達

▶英雄廣場外的餐車

檳城

檳城最熱鬧的夜市在新關仔角小販中心，這裡是露天的大排檔，規畫完善且乾淨。攤販呈環狀擺設，座位在中間。喜歡吃什麼就去攤位前面點，再拿回自己的位子上吃，基本上馬來西亞大眾化的小吃這裡都找得到，價格便宜。小販中心的對面就是Plaza Gurney購物中心，這裡距離喬治市老城區開車需要15～20分鐘的車程。

1、2.小販中心裡的各式攤位

➡ 搭乘觀光巴士於第一站下車即達。或搭101號公車至Opps Balai Polis Pulau Tikus站下車

蘭卡威

蘭卡威最熱鬧的夜市集中在珍南海灘，這裡集高級餐廳、路邊攤、平價餐廳於一身，也是西方觀光客聚集之處。另一個由當地馬來人開設的夜市是在靠近機場的馬路旁，可以直接面海景吃飯，非常自在愜意。

➡ 海邊夜市距離機場開車約5～8分鐘，珍南海灘開車距離機場約15～20分鐘

1.珍南海灘旁的大街入夜相當熱鬧，海鮮餐廳與各式大排檔均有

美里

美里市區不大，多年來透過填海造地工程，開闢了新的商圈，許多時尚的酒吧與餐廳進駐，到了晚上，不論老少都會來這裡喝一杯。

➡ 自駕或搭計程車(喝酒不開車)

1.微醺酒吧。買好啤酒或其他飲品之後，就可以寫歌單給櫃檯，等輪到你，直接現場開唱，全場都是你的聽眾／**2**.My Beer啤酒吧好像便利商店的啤酒櫃一樣，任君選擇，店內也販售小食

亞庇

亞庇市中心的夜市，集中在Jalan Tun Fuad Stephen濱海的路旁，從莫迪卡購物中心(Wisma Merdeka)一直到河濱酒吧區(Waterfront)一帶，中間會經過菲律賓市集(Filipino Market)，市集裡面是手工藝品小攤販中心，外面則是海鮮及各種冰品冷飲的攤販，這裡有賣冰品冷飲、熱炒海鮮及燒烤。另一個是天橋下的水果攤販中心，想要吃榴槤等各種熱帶水果，這裡應有盡有，可以現開榴槤現吃，旁邊還有賣羅漢果涼茶的攤位，頗為過癮。

➡ 在亞庇市中心加雅街(Jalan Gaya)一帶，沿著Jalan Tun Fuad Stephen步行10～20分鐘，或搭乘Uber

1.天橋下的水果夜市／**2**.菲律賓市集旁的新鮮海鮮可以做成熱炒或燒烤／**3**.一邊吹著海風喝酒一邊聽現場演唱，非常放鬆／**4**.河濱酒吧區

古晉、古晉近郊

古晉晚上可以吃到美食的地方有很多：大手飲食中心、香香坊都是檔口林立的覓食好去處。還有峇都林當、亞答街(Jalan Carpenter)潮州會館前的小攤販，老巴剎 (Main Bazaar) 旁的老牌小吃攤販、貓眼嶺海鮮中心…這些都是當地人晚上找美食的好去處。

新堯灣夜市(Siniawan)每週五～日營業，距離古晉市區約半個多小時車程。這裡一百多年前曾因礦產而繁榮發展，隨著時代變遷，小鎮人口老化凋零，留有兩排百年以上的木板店屋，十多年前開始，當地人把桌椅擺出街道，以美食與夜市成功活化老街，已成為古晉最夯的打卡地之一。

➡ 如果住在河濱公園一帶可步行至貓眼嶺海鮮中心、亞答街及老巴剎。其他地點需開車或搭乘Grab；古晉近郊：自行開車或搭乘Grab前往，旁邊有停車場，建議早點到才有停車位

1.古晉老巴剎出名的老店：松興肉粥／**2**.峇都林當飲食中心／**3**.點起燈籠後的老街夜市更有味道／**4**.這條以客家籍華人為主的老街與台灣的湖口老街還是姊妹街呢

指指點點馬來文 ABC

●常見的食物名稱

中文	吃	喝	麵	飯	咖啡	紅茶	奶茶
馬來文	Makan	Minum	Mee	Nasi	Kopi	Teh-o	Teh-c

中文	麵包	椰子水	粿條	酒	拉茶	牛奶	炒
馬來文	Roti	Air kelapa	Kway teow	Arak	Teh terik	Susu	Groeng

中文	水果	雞	蝦	魷魚	魚	糖	少一點
馬來文	Buah	Ayam	Udang	Sotong	Ikan	Gula/ Manis	Kurang

例句：

1、再來一碗飯。 Nasi satu lagi.

2、要咖啡還是紅茶？ Kopi atau teh-o？

3、多少錢？ Berapa？

4、很好吃。 Bagus makan.

5、附近有素食餐廳嗎？ Apa ada restoran vegetarian？

●馬來西亞華語vs台灣華語：食物篇

台灣華語	吸管	飲料	塑膠袋	湯麵	豆漿	鳳梨	熱水	茶
馬來西亞華語	吸草	水	紙袋	濕面	豆腐水	黃梨	燒水	中國茶

例句：

會吃辣嗎？（要辣嗎？）

麵要乾的還是濕的？（乾麵還是湯麵？）

喝水嗎 ？（要喝什麼飲料？）

玩樂篇 Sightseeing

馬來西亞有哪些好玩又特別的景點呢？

馬來西亞以多元種族及豐富的文化底蘊著稱，兼具國際轉運的時尚樞紐與自然原始的生態。西馬與泰國、新加坡為鄰，東馬靠近赤道，但因為擁有最古老的「世界之肺」，夏季氣候熱，但尚可接受，生態物種與海洋美景更是旅行者不可錯過的選擇。

Kokol Resort Haven
KK

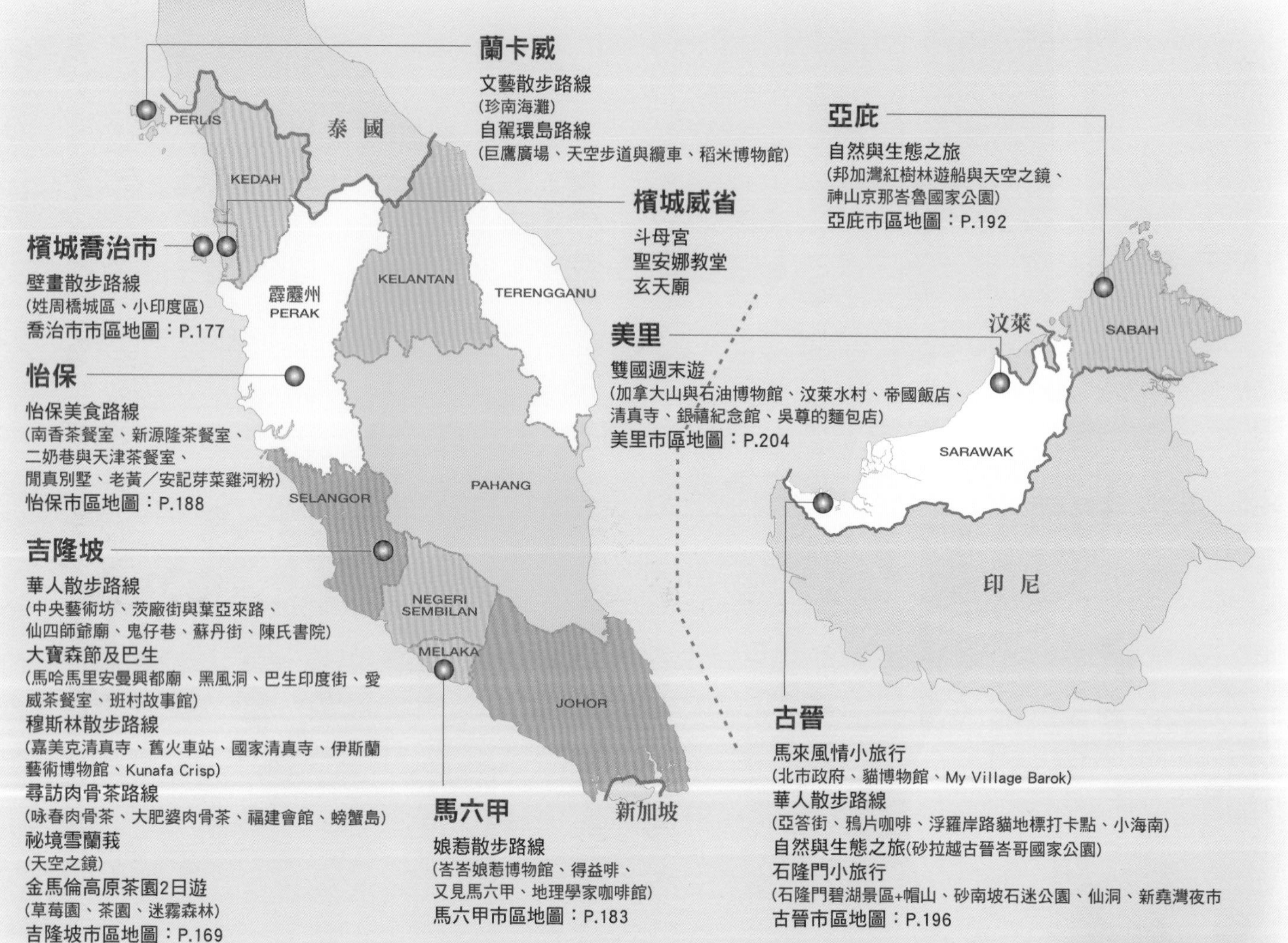
全馬玩樂地圖
蘭卡威
文藝散步路線
(珍南海灘)
自駕環島路線
(巨鷹廣場、天空步道與纜車、稻米博物館)
檳城威省
斗母宮
聖安娜教堂
玄天廟
檳城喬治市
壁畫散步路線
(姓周橋城區、小印度區)
喬治市市區地圖：P.177
怡保
怡保美食路線
(南香茶餐室、新源隆茶餐室、
二奶巷與天津茶餐室、
閒真別墅、老黃／安記芽菜雞河粉)
怡保市區地圖：P.188
吉隆坡
華人散步路線
(中央藝術坊、茨廠街與葉亞來路、
仙四師爺廟、鬼仔巷、蘇丹街、陳氏書院)
大寶森節及巴生
(馬哈馬里安曼興都廟、黑風洞、巴生印度街、愛威茶餐室、班村故事館)
穆斯林散步路線
(嘉美克清真寺、舊火車站、國家清真寺、伊斯蘭藝術博物館、Kunafa Crisp)
尋訪肉骨茶路線
(咏春肉骨茶、大肥婆肉骨茶、福建會館、螃蟹島)
祕境雪蘭莪
(天空之鏡)
金馬倫高原茶園2日遊
(草莓園、茶園、迷霧森林)
吉隆坡市區地圖：P.169
馬六甲
娘惹散步路線
(峇峇娘惹博物館、得益啡、
又見馬六甲、地理學家咖啡館)
馬六甲市區地圖：P.183
美里
雙國週末遊
(加拿大山與石油博物館、汶萊水村、帝國飯店、
清真寺、銀禧紀念館、吳尊的麵包店)
美里市區地圖：P.204
亞庇
自然與生態之旅
(邦加灣紅樹林遊船與天空之鏡、
神山京那峇魯國家公園)
亞庇市區地圖：P.192
古晉
馬來風情小旅行
(北市政府、貓博物館、My Village Barok)
華人散步路線
(亞答街、鴉片咖啡、浮羅岸路貓地標打卡點、小海南)
自然與生態之旅(砂拉越古晉峇哥國家公園)
石隆門小旅行
(石隆門碧湖景區+帽山、砂南坡石迷公園、仙洞、新堯灣夜市
古晉市區地圖：P.196
泰國
PERLIS
KEDAH
霹靂州
PERAK
KELANTAN
TERENGGANU
PAHANG
SELANGOR
NEGERI SEMBILAN
MELAKA
JOHOR
新加坡
汶萊
SABAH
SARAWAK
印尼

到馬來西亞必做的事

按摩

消除疲勞的首選

馬來西亞靠近泰國，因此不難在各觀光景點找到泰式按摩。但因大馬華人也多，所以講究舒筋活血的各種腳底按摩與耳燭紓壓等按摩也相當普遍。不過最特別的是，可以嘗試馬來西亞土著式的按摩，力道介於中式與泰式之間，適合怕痛或彎來折去的人去享受放鬆。

▲蘭卡威珍南海灘旁到處可見的平價按摩店

▶沙巴亞庇的土著按摩店充滿自然風

看電影

便宜又消暑的娛樂

在馬來西亞各大城市，電影院多數坐落於購物中心裡，時尚氣派的電影院，首輪電影票價大概在10～13RM左右。有的時候還可以看到比台灣早上映的院線強片，不過外語片不一定有中文翻譯，但吹冷氣看電影絕對是便宜又消暑的好選擇。

▲在馬來西亞可以看到馬來片、印度片、好萊塢片、中港台及新加坡的華語片，選項比台灣多

訂做衣服

最特別的旅行紀念品

在馬來西亞不論華人、馬來人或印度人，都還是喜歡買布訂做衣服當作節慶時的服裝，因此布店與裁縫店依然很發達。尤其是講究合身、展現身段的娘惹裝(Gebaya)，肯定要訂做後穿上才特別有味道。不妨選一匹布，替自己量身打造一套馬來當地服裝或是印度服吧！尤其是印度師傅的手工很快，今天訂做，約莫後天就能試穿修改取件囉！

◀在馬來西亞穿娘惹裝拍照，是最IN的玩法之一

▶古晉的布店可以買布訂做馬來服

節慶與主題之旅

檳城聖安娜慶典

主要節慶一覽表

擁有多元種族的馬來西亞，有馬來人的開齋節、印度人的大寶森節與排燈節、華人的三大節日與土著的豐收節、生態探索等等。在旅遊規畫當中，若時間許可，別忘了將這些富有當地特色的節慶寫進你的旅遊攻略當中，深刻感受大馬的風情與氛圍喔！

月分	地點	活動	備註
1～2月	全馬多個城市	大寶森節慶祝活動	
	全馬多個城市	華人新年慶祝活動	
3～4月	太子城(Putra Jaya)	國際熱氣球嘉年華	
5～6月	太子城(Putra Jaya)	皇家花卉藝術節	
	沙巴	豐收節慶典	舉辦城市：亞庇及其他
	砂拉越	達雅豐收慶典	舉辦城市：古晉及其他
	檳城	榴槤節	
7～8月	全馬多個城市	開齋節相關慶典	
	砂拉越古晉	熱帶雨林音樂季	
	砂拉越古晉	國際美食節	
	全馬多個城市	馬來西亞購物嘉年華	為期2個半月
	砂拉越	婆羅洲文化節	舉辦城市：詩巫
	吉隆坡	吉隆坡節	
	檳城	聖安娜慶典	舉辦地：威省
9～10月	吉隆坡	F1世界一級方程式賽車	
	沙巴	神山國際登山節	
	吉隆坡	馬來西亞國際美食節	
11～12月	檳城	國際馬拉松賽	
	檳城	爵士音樂節	舉辦地：峇都丁宜

＊部分節慶舉辦之月分日期會有變動，規畫行程前請務必上網確認，以官方最新公告為準。

小提醒

出發前預訂行程

因馬來西亞部分觀光行程的大眾交通工具不太方便，建議可以選擇包車半日遊、一日遊，浮潛、海上活動或其他登山、生態路線等，可在出發前依個人喜好至各旅遊網路平台(如：KKday)訂購行程，或至當地的旅行社購買行程。

路線1：伊斯蘭風情遊

穆斯林的盛大節日——開齋節

每年伊斯蘭曆的9月是齋戒月，又稱為拉曼丹月(Ramadan)，日出之前穆斯林就必須用餐完畢，一直到日落之後才可以飲食。這當中的一切日常作息照常，就連吞口水都不能大咧咧的。一直到象徵10月1日的新月出現時，就可以宣布齋戒月結束。齋月結束後的次日為開齋節，穆斯林會製作佳餚，著盛裝表示慶祝，這也是全世界十幾億穆斯林人口最盛大的節日。

下次遇到開齋節，別忘了說聲Eid Mubarak或Selamat Hari Raya Aidilfitri(開齋節快樂)！

▲馬來西亞開齋節前後的慶祝標語

了解穆斯林的節日後，再來趟具有伊斯蘭教特色的散步路線，別具馬國特色喔！

▲國家清真寺

▲伊斯蘭藝術博物館

豆知識

為什麼有些國家的齋戒月日期不同

伊斯蘭曆和中國的農曆一樣是月亮曆，是根據月亮的盈虧來判定日期，所以部分國家與地區的開始及結束的時間，有的會有1～2天的差別喔！

吉隆坡穆斯林散步路線

嘉美克清真寺 — 舊火車站 — 國家清真寺 — 伊斯蘭藝術博物館 — Kunafa Crisp

1 嘉美克清真寺(Masjid Jamek)

Jalan Tun Perak, City Centre, 50050 Kuala Lumpur　+603-00885050　上午09:30～12:00，下午14:30～16:00，週五關閉　免費　搭乘LRT至Masjid Jamek站下車，出站即達　P.169

這是吉隆坡歷史最悠久的一座清真寺，建於1908年，融合印度風及摩爾建築風格。早期這裡是開採錫礦的集散地區，這座清真寺也是由這些發現錫礦的人們所建造的。寺內有穆斯林服裝可免費租用參觀。

▲清真寺裡美麗的拱門與迴廊

2 舊火車站(Stesen Keretapi Kuala Lumpur)

Bangunan Stesen Keretapi, Jalan Sultan Hishamuddin　+603-22747410　不限　免費　搭乘KTM至KLCC站下車，出站即可到達；或搭乘LRT的Putra線，在Pasar Seni站下車，步行400公尺　P.169

吉隆坡火車站建於1910年，是一座摩爾式的建築，於1988年時進行過一次大整修，目前仍然是交通繁忙的火車站之一。這座火車站屬於半開放式空間，就算不搭乘火車，也可以進來拍照，感受殖民風情。

▲從站內拍建築頂的天際線很美

3 國家清真寺(National Mosque)

109 Jalan Ampang　+603-00885050　週一～日上午09:00～12:00、下午15:00～16:00、傍晚17:30～18:30，週五只開放下午及傍晚兩個時段　免費　搭乘KTM至KLCC站，出站後過馬路步行即可到達，或搭乘觀光巴士至第15站下車　P.169

國家清真寺已有超過半世紀的歷史，在建築的外觀上最令人印象深刻的就是藍色多褶傘形屋頂。清真寺的大圓頂處，有18顆星，代表了馬來西亞的13州及伊斯蘭教的5大支柱。

▲國家清真寺的藍色傘狀屋頂是亮點

Spot 4 伊斯蘭藝術博物館 (Islamic Arts Museum)

Jalan Lembah Perdana ☎ +603-22742020 ⏲ 10:00～18:00，週一閉館 $ 成人票14RM ➡ 自國家清真寺交叉路口往上坡走5分鐘即達 MAP P.169

白色為基底的建築，明亮而寬敞，挑高的內部及鏡面的設計，置身其中讓人非常心曠神怡。展示許多來自中亞、麥加等各地伊斯蘭國家的歷史文物及世界著名的清真寺模型。

▲門口的馬賽克磁磚非常有異國風情味道

貼心小提醒

參觀清真寺須知

1、穆斯林進入清真寺前需要清淨手臉後才能禮拜。

2、進入清真寺參觀，無論男女，下半身一定要長過膝蓋，不可穿無袖的上衣，女性需要用頭巾把頭髮遮住，寺方會在外面提供或租借頭巾及罩袍。

3、進去之前一定要記得脫鞋。

4、清真寺內要保持肅靜，不可大聲喧嘩。對於正在寺中祈禱的教徒，不要隨意拍攝他們的照片，更不能由前方穿過。

▲參觀清真寺的男女標準服飾

Spot 5 Kunafa Crisp

Jalan Lembah Perdana ☎ +603-22742020 ⏲ 10:00～18:00，週一閉館 $ 成人票14RM ➡ 自國家清真寺交叉路口往上坡走5分鐘即達 MAP P.169

Bukit Bintang除了購物中心雲集以外，也是阿拉伯風情餐廳的聚集地點，其中販售Kunafa Crisp土耳其甜點的店家，無論何時都大排長龍，至少要等半個小時以上。甜點中間是像奶油布丁的口感，會撒上開心果，不過中東甜點非常甜，要謹慎購買。此外，旁邊有好幾家小店賣著超大沙威瑪，有各種口味配料，一份等上半小時也是正常。作為吉隆坡穆斯林散步路線，怎能不用中東美食做Ending！

▲排隊甜點kunafa

路線2：馬來風情古晉小旅行

散步路線 北市政府－貓博物館－My Village Barok

古晉是一座相當特別的城市，南市由華人擔任市長，但北市則是由馬來人擔任市長，可以安排半天的時間，以汽車代步走訪古晉北市，感受東馬砂拉越州的馬來風情。

Spot 1 北市政府(Kuching North City Hall)

✉ Bangunan DBKU, Bukit Siol, Jalan Semariang, Petra Jaya ☎ +6082-446688 ⏲ 市政府前花園全天開放 $ 免費 ➡ Grab或自駕

古晉北市由馬來人擔任市長，隔著一條砂拉越河，北市呈現與南市截然不同的市容。北市政府是這裡的地標，雖然位在只有60公尺的小山坡上，但已經能從這裡眺望古晉市景，一覽無遺。市政府外修建了大型造景花園，讓來到這裡的遊客，可以更加接近古晉的綠意。欣賞完風景，別忘了到1樓的貓博物館參觀！

▲樣式特別的北市政府建築

Spot 2 貓博物館(Cat Museum)

✉ 同北市政府 ☎ 同北市政府 ⏲ 09:00～17:00 $ 免費(但拍照要給器材費3～5RM，依手機、相機、錄影機有所不同) ➡ 同北市政府

位在北市政府裡的貓博物館，全館有超過2,000件關於貓的收藏品，也整理了許多喜歡貓的歷史名人與貓之間的互動記載，細細地看掛在牆上的各種剪報，其實頗有收穫。裡面的大型貓展示品，會隨著節慶的不同，被換上相應的服裝。離開前記得看一看裡面賣的貓紀念品，價格適中，然後在貓嘴的門口，留下最具古晉代表性的合照吧！

1.貓博物館入口處的貓嘴大門非拍不可(照片提供：馬來西亞觀光局-台灣(Tourism Malaysia Taiwan))／**2**.貓的木乃伊／**3**.貓的收藏品之一：加菲貓／**4**.愛貓名人與貓的故事

Spot 3 My Village Barok

✉ 7, Jln Kampung Pulo Ulu, Kampung Boyan, 93050 Kuching, Sarawak ☎ +6016-870-7021 ⏰ 16:30～22:00，週一休息 $ 12 RM起 ➡ Grab或自駕 MAP P.196

古晉北市河岸口是馬來人的村落，到了傍晚，會有賣鮮魚和各種糕點、燒烤的攤子，再往下走，就會看到一棟傳統馬來式高腳屋的建築，它就是生意一直都很好的My Village Barok。店門口的燒烤爐上滿滿都是去了雞頭的整隻烤雞，配上生菜和香辣的沾醬就是馬來人喜歡的烤雞飯。喜歡品嘗道地馬來風味美食的朋友不要錯過這家店。

1.晚上這裡有很多馬來餐廳，非常熱鬧，生意很好／**2**.這家店的門面／**3**.好吃的烤牛肉飯／**4**.馬來菜的靈魂醬料sambar配上烤雞或烤牛肉都好好吃

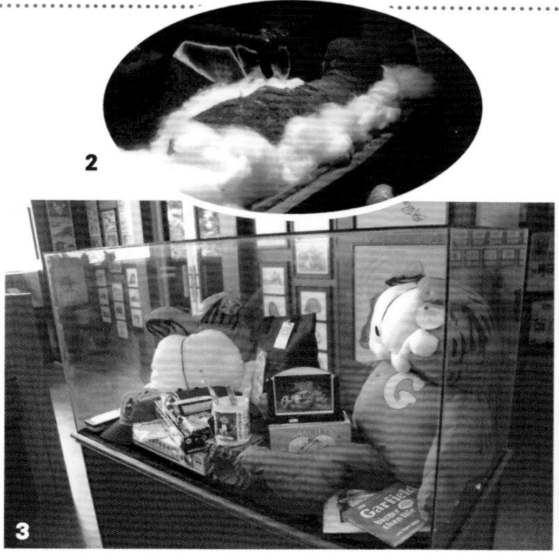

路線3：探訪大寶森節及巴生印度街

如果要配合大寶森節，通常需清晨就去黑風洞看遊行人潮與印度教儀式，因此建議一大早先從吉隆坡搭火車至黑風洞，參觀結束後，再搭火車去巴生印度街，以及有著好吃印度料理的班達瑪蘭新村。(推薦住宿：A&R Urban Hotel，詳見P.92)

大寶森節的由來

通常大寶森節是視印度淡米爾曆在月圓的情況下，決定在每年1～2月之間舉行，這個節日也是戰神姆魯甘接受母親雪山女神賜給他的長矛，打敗魔王多羅迦及其軍隊，象徵正義戰勝黑暗的日子。

印度教信徒視大寶森節為感恩、懺悔、贖罪及再次許願的節日。參與慶典的信徒中，有的人因感念神靈過去一年的幫助，會在身上用鋼釘或是鐵絲等物品穿過身體，參與的信徒會在活動前一個月守齋戒，他們相信受到戰神的保護，不會覺得痛。據說一年當中只有這一天如此。

每年這個時候，黑風洞、檳城植物園及光大購物中心一帶都有盛大的慶典與遊行，而吉隆坡的印度教信徒，更是前一晚就從馬里安曼興都廟徹夜遊行到黑風洞。

吉隆坡大寶森節散步路線

馬哈馬里安曼興都廟 - 黑風洞 - 巴生印度街 - 愛威茶餐室 - 班村故事館

Spot 1 馬哈馬里安曼興都廟 (Sri Mahamariamman Temple)

167, Jalan Tun H S Lee, City Centre, 50000 Kuala Lumpur, Wilayah Persekutuan Kuala Lumpur ☎ +603-20783467 ⏲ 06:00～20:30 $ 免費 ➡ 搭乘LRT Putra線至Pasar Seni站下車，步行約4分鐘；搭乘MRT至Pasar Seni站下車，步行約3分鐘 FB Sri Maha Mariamman Devastanam KL Malaysia

吉隆坡最古老的印度廟，位於吉隆坡茨廠街區。供奉濕婆(Shiva)的太太，雪山女神帕爾瓦蒂(Parvati)，其實一開始祭祀的是南印度淡米爾人專司雨水的女神馬里安曼，隨著英國殖民時期引進的南印勞工越來越多，本是地方的女神信仰漸漸升等，從原先的私人廟宇轉型為正統廟宇，因此找層級更高的女神來擔綱，便是帕爾瓦蒂(也有一說是馬里安曼女神是帕爾瓦蒂女神的其中一個化身)。大寶森節時，信眾會在前一晚凌晨從這裡起行，一路走到黑風洞，十分熱鬧。

1.共有5層塔樓／**2**.可入內參觀，內殿的壁畫雕刻十分精緻

Spot 2 黑風洞 (Batu Caves)

✉ Sri Subramaniam Temple, Batu Caves ☎ +603-2287942 ⏲ 10:00～17:00 $ 免費參觀 ➡ 搭乘KTM至Batu Caves站下車，步行5分鐘即達

搭火車到達黑風洞(Batu Caves)站時，會被藍綠色的猴神哈奴曼像給吸引，旁邊就是猴神廟，可免費參觀。之後再步行一小段就會看到金色的戰神姆魯甘(Lord Murugan)神像，神像高約42.7呎，費時3年才打造完成。黑風洞有超過20個以上的洞穴，其中光洞是印度教在大寶森節的重鎮。因石灰岩洞的天然地形，使洞內鐘乳石也頗具可看性，不過要想進入這些石灰岩洞內，首先必須爬上272階樓梯，沿途還會有猴子不時跑出來捉弄觀光客，要小心自己的相機，也不要隨便餵食。

在黑風洞上廁所需要2RM，附近有一些印度餐廳及賣神像紀念品的商店，還有許多畫印度彩繪(Henna Mehndi)的小攤，一個圖案10RM起跳，不妨可以畫一個在手上當作此趟散步路線的小紀念品喔！

1.猴神哈奴曼像／2.黑風洞最顯眼的金色戰神姆魯甘像

Spot 3 巴生印度街 (Klang)

✉ Jalan Tengku Kelana ➡ 搭乘KTM至Klang站下車，出站後步行2分鐘

曾是馬來半島最大港口的巴生，除了是福建黑湯派肉骨茶的發源地，還有歷史悠久的印度街(Jalan Tengku Kelana)，馬來西亞的印度人以南印度淡米爾納德邦過去的移民居多，因此，無論在服飾、飲食，以及店內販售的各種宗教用品都可見到濃濃的南印風情。記得把錢帶好帶滿，因為非常好逛，會買到停不下來。

1.印度街一景／2.琳瑯滿目的印度飾品／3.還有很多印度品牌的香皂與日常用品

Spot 4 愛威茶餐室(Restoran I.V)

✉ 117, Jalan Pandamaran Jaya 62, Kawasan 10, 42000 Pelabuhan Klang, Selangor ☎ +6012-267-5534 🕒 06:00～17:00 $ 5RM起 ➡ Grab

位在巴生的一座班達瑪蘭新村裡面，一連有3間店面，即使地點不在市區，用餐時刻仍座無虛席，甚至由於生意太好，這家店還有機器人送餐服務。店內最好吃的就是印度甩餅(Roti Canai)和印度高塔脆餅(Roti Tisstu)，還有各種印度咖哩的自助餐。如果來到巴生一定要特地搭車來吃，絕對值得。

1.附近雖然空地頗多，但尖峰時刻車都停得滿滿的／**2**.必點的印度甩餅／**3**.印度高塔脆餅，香甜酥脆

Spot 5 班村故事館

✉ 124, Jalan Kemanis, 42000 Pelabuhan Klang, Klang ☎ +6012-267-5534 🕒 06:00～17:00 $ 5RM起 ➡ Grab

▲故事館大門

巴生有雪蘭莪州第二大的華人新村，班達瑪蘭新村。最早是橡膠園，英殖民時期引進很多印度移工種植橡膠，日治時代還曾有一座軍用機場，戰後緊急狀態時成為華人新村。疫情期間，當地青年有志將新村的文化保存重整，向遊客展示，來此造訪還有機會品嘗到傳統手作阿嬤味道的華人糕點喔！

由富有歷史的新村老屋翻新，保持原汁原味的陳設 ▶

豆知識

什麼是新村？

「新村」指1948年以後，馬來亞共產黨開始進行武裝抗爭，當時仍隸屬於英國殖民統治下的馬來亞聯合邦(Federation of Malaya)發布了緊急命令，限制種橡膠及務農的華人，只能在上午6點至傍晚7點到耕區或森林裡工作。目前西馬仍有4百多個華人新村。

緊急命令結束於1960年代，但新村已建立起完善的社區，有警察局、學校、診所等，許多華人繼續住下來，進而成為保存華人飲食老味道的集中地，不少「巷仔內」美食隱身其中。

路線4：漫步華人街

吉隆坡華人散步路線

中央藝術坊 - 茨廠街 - 仙四師爺廟 - 鬼仔巷 - 蘇丹街 - 陳氏書院

Spot 1 中央藝術坊 (Central Market)

✉ No. 10, 1st-3rd floor, Jalan Hang Kastur ☎ +603-20310399 ⏲ 10:00～22:00 $ 免費 ➡ 搭乘LRT Putra線至Pasar Seni站下車，出站後即可看到，或搭乘觀光巴士至第9站下車 MAP P.169

這座中央藝術坊建於1888年，是吉隆坡早期最大的批發乾貨市場。在熱帶地方逛街還能兼吹冷氣，累了又可以馬上到2樓坐下來吃東西；在這裡，兌換錢幣及提款都很方便，加上各種土產及衣飾的價格並不會比外面貴，真是在吉隆坡逛街的首選。

1.建於1888年的中央藝術坊
2.2樓設有冷氣座位用餐區
3、**4**.1樓與2樓是各式各樣的店鋪與攤位，可以買齊各種你想要的馬來西亞當地紀念品

Spot 2 茨廠街(Petaling Street)與葉亞來路(Jalan Yap Ah Loy)

5

✉ Jalan Petaling 🕒 不限，中午過後到晚上最熱鬧 $ 免費 ➡ 搭乘LRT Putra線至Pasar Seni站下車，出站後直走即可到達，或是搭乘觀光巴士至第8站下車 MAP P.169

這條Jalan Petaling是吉隆坡最早的街道之一，許多觀光客喜歡稱這裡為「中國城」，物價較為便宜也可以小小的殺價。周遭有許多平價旅館以及數不清的店家與攤販，同時這裡也是美食集散地。

1.吉隆坡必不可錯過的美食逛街之地／**2**.茨廠街內出名的糖炒栗子／**3**.羅漢果涼茶也是到這裡必打卡、必喝的飲品／**4**.葉亞來為名的小路／**5**.牆上有葉亞來故事的可愛壁畫

Spot 3 仙四師爺廟(Sri Maha-mariamman Temple)

✉ 113A, Jalan Tun H S Lee, City Centre, 50050 Kuala Lumpur, Wilayah Persekutuan Kuala Lumpur ☎ +603-20789052 🕒 07:00～17:00(農曆新年期間改為16:00) $ 廟宇免費，拓荒博物館需門票 ➡ 搭乘LRT Putra線至Pasar Seni站，步行約10分鐘；搭乘MRT至Pasar Seni站，步行約10分鐘 FB 吉隆坡仙四師爺廟 MAP P.169

早年開墾馬來半島期間，華人領袖盛明利因會黨紛爭而死去，葉亞來接續了其工作。盛明利及葉亞來的部下鍾炳來，因對華人開墾芙蓉至吉隆坡一帶有功，受華人感念，建廟紀念。是吉隆坡最早祭祀華人本土信仰的廟宇。

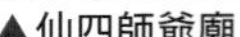
▲仙四師爺廟

▲廟旁有新設立的拓荒博物館，參觀須購票

Spot 4 鬼仔巷

Loring Panggung, 50000 Kuala Lumpur　09:00～18:00　免費參觀　搭乘MRT至Pasar Seni站，出口A出站即達　MAP P.169

茨廠街是最早華人來此發展的地區，近年來因為當地歷史文化的保存意識抬頭，因此活化了茨廠街巷弄裡兩排舊有的唐樓，找來本地的畫家，重新呈現1960年代的生活樣貌。如今已經成為吉隆坡最熱門的打卡點。所謂的鬼仔巷的「鬼」指的是小孩子，過去會以鬼仔來稱呼吵鬧調皮的小孩，來到這裡彷彿進入香港電影《功夫》的場景，復古又不失令人莞爾一笑的創意。

▲鬼仔巷的入口，等人的紅衣女子又透露點港片《胭脂扣》的感覺

Spot 5 蘇丹街

Jalan Sultan　不限　免費參觀　搭乘MRT至Pasar Seni站，出口A出站即達　MAP P.169

這裡之所以命名為蘇丹街，是因為19世紀末這裡有座火車站，當時的雪蘭莪蘇丹搭乘甫通車的鐵路來到這裡，並在此地留宿一晚。後來雖然火車站已經拆除，卻以街名留下蘇丹來過此地的見證。孫中山先生在海外奔走革命時，也曾入住蘇丹街92號。這裡街口有間老屋改建的文青時尚咖啡館Vintage 1988，頗受歡迎。

▲蘇丹街鄰近茨廠街

▲淡淡的英國殖民風格裝潢

Spot 6 陳氏書院

172, Jalan Petaling, 50000 Kuala Lumpur, Malaysia　08:00～18:00　免費參觀　搭乘Monorail至Maharajalela站下車，出站後步行約2分鐘　MAP P.169

陳氏書院是馬來西亞唯一一間以「書院」命名的宗祠。在那個華人宗族社會的聚會場所容易與革命連結在一起的年代，為了讓宗祠與革命撇清關係，當時的滿清政府要求宗祠改名，所以廣州西關的陳家祠成了陳氏書院。辛亥革命以後，廣州的陳氏書院已恢復舊名，但吉隆坡的陳氏書院依然保持原名。

▲陳氏書院大門

▲陳氏書院內景圖

古晉南市華人散步路線

亞答街 → 鴉片咖啡 → 浮羅岸貓地標打卡點 → 小海南

Spot 1 亞答街 (Attap Street)

✉ Jalan Attap ⏲ 不限 $ 免費 ➡ 於河濱公園Jalan Main Bazaar步行至China Street後右轉，5分鐘內到達 MAP P.196

這是在古晉俗稱的華人街，街道不長，有許多金飾店與隱身在普通家宅前的美食小攤。潮州公會入夜後會有清粥小菜的攤位，上帝廟與各個宗親會的會所構成了這條亞答街最富華人色彩的建築風貌。

▲香火鼎盛的上帝廟

▲亞答街口

▲節慶時的張燈結綵與宗親公會互相妝點華人風格的街道

Spot 2 鴉片咖啡 (Hiap Yak Tea Shop)

✉ 17, Lorong Kai Joo, 93000 Kuching, Sarawak ⏲ 07:00～15:30 $ 5RM ➡ 自亞答街步行5分鐘即達 MAP P.196

這兩年古晉的這家老茶館再度受到年輕人的注意，因為「鴉片咖啡」這名稱太吸引人的目光。早期在開裕巷這裡有家煙館，抽完鴉片的人為了要清除口中的煙味，還有喉嚨乾澀的感覺，喜歡在抽完鴉片之後來一杯加了牛油的咖啡。鴉片咖啡因此得名。

1.加了牛油的咖啡就是鴉片咖啡／**2**.協益茶室歷史悠久／**3**.老舊的牆面上還掛有孫中山先生的像

Spot 3 浮羅岸貓地標打卡點 (Jalan Padungan)

✉ Jalan Padungan 🕒 不限 $ 免費 ➡ 從希爾頓酒店沿著Jalan Tunku Abdul Rahman步行朝Jalan Borneo前進，約步行15～20分鐘可到達 MAP P.196

古晉是貓城，在浮羅岸路一帶有幾個拍攝貓地標的好地方，是來到古晉的觀光客尋訪的目標之一。浮羅岸路是古晉歷史最早的華人街，路口牌樓外的貓家族，是必打卡的點。這些貓地標會隨著不同的節慶或活動換上不一樣的服裝。再沿著浮羅岸路往下走還可以看到直立式的貓柱，這裡也不容錯過。

▲浮羅岸路的貓地標

▲前往浮羅岸路上會看到的貓地標
照片提供／馬來西亞觀光局・台灣(Tourism Malaysia Taiwan)

2

3

Spot 4 小海南 (Little Hainan)

✉ Lot 53, Sec 50, KTLD, 207, Jln Padungan, 93100 Kuching, Sarawak 🕒 07:30～15:30 $ 5RM起 ➡ 自駕或搭Grab MAP P.196

這是一家有近百年歷史的道地海南口味的餐廳，前幾年搬遷到浮羅岸路一帶，復古懷舊又不失細膩的餐盤與裝飾，整間店保有海南餐廳的特色。還有道地的海南蒸麵包，配咖椰醬很好吃，當然還要配上一杯海南咖啡。

▲海南蒸麵包與咖椰醬

◀咖哩雞飯配海南冰咖啡

路線5：檳城尋訪壁畫散步路線

散步路線 姓周橋城區 ---- 小印度區 ---->

1 姓周橋城區

✉ Lebuh Acheh(打石街)、Lebuh Ah Quee(阿貴街)、Lebuh Chilia(牛干冬街) ⏲ 不限 $ 免費 MAP P.177

以姓周橋為起點，一路步行或租腳踏車在喬治市的老城區內尋訪本地聽障畫家顏治隆(Louis Gan)及立陶宛畫家額納斯(Ernest Zacharevic)創作的壁畫及裝置藝術，是在老城區值得花一個半天進行的散步路線。範圍以姓周橋前的Pengkalan Weld這條路，過馬路至Lebuh Acheh、Lebuh Quee、Lebuh Chilia這三條路中可以找到最精華的姊弟騎腳踏車圖、男孩騎摩托車、恐龍圖、姊弟盪鞦韆與小攤販圖。此外，在更狹小的巷弄內，還可以找到李小龍、象鼻水管以及圖案。如果是兩、三位朋友一起去玩，可以比賽誰找到的壁畫最多喔！

1.姊弟盪鞦韆圖／**2**.人氣最高的姊弟騎車圖，這些圖常見於檳城的各項文創紀念品中／**3**.姊弟想吃腳踏車上的蒸籠點心／**4**.這幅畫的名字叫The real Bruce Lee would never do this，是不是很有趣／**5**、**6**.更小的巷弄會有出其不意的可愛動物壁畫

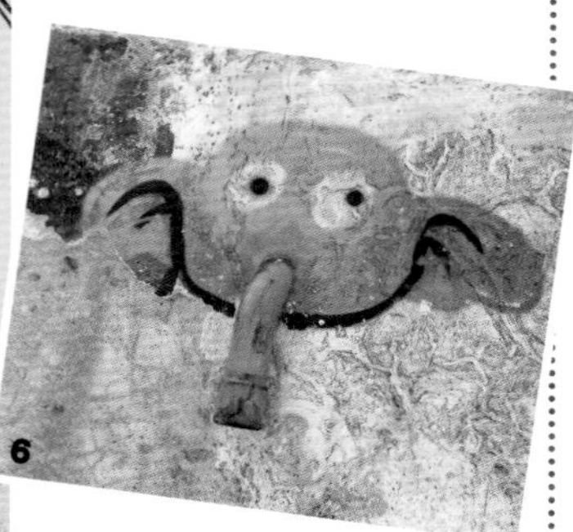

Spot 2 小印度區 (Little India)

Love Lane 不限 免費 MAP P.177

沿著Lebuh Chilia一直向前步行就會走到小印度區，這時可別錯過了一條名為愛情巷(Love Lane)的浪漫街道。之所以叫愛情，據說這裡是以前達官貴人金屋藏嬌的地方。現在的愛情巷裡，除了可以看到一些西方背包客喜歡的小咖啡店以及背包客旅館之外，可以好好地散步及發現新的壁畫、鑄鐵的裝置藝術。

例如：五角基廊，過去這裡是搭建給行人行走的人行道，現在外面多了好幾個鑄鐵裝置藝術。這裡還有一幅大型的南印度漁夫的壁畫，較鮮為人知。附近還有一棟充滿娘惹風格的七間老厝，是一家頗具設計感的旅店。來到檳城喬治市的老城區，不管是用雙腳、腳踏車或是租人力車，相信都能夠走出一幅屬於自己的街頭藝術地圖來。

1.五角基廊的鑄鐵藝術／**2**.在愛情巷口的鑄鐵藝術，象徵背包客在這裡找旅館／**3**.七間老厝的娘惹風旅館／**4**、**5**.南印度漁夫壁畫，讓人想起世界遺產柯欽

路線6：檳城X蘭卡威3天2夜文藝路線

Day 1　檳城尋訪壁畫散步 X 蘭卡威看夕陽

姓周橋城區(P.142) → 小印度區(P.143) → 珍南海灘看夕陽

Spot 3 珍南海灘 (Pantai Cenang)

✉ Pantai Cenang, 07000, Kedah ⏲ 全天 $ 免費 ➡ 搭乘飛機到蘭卡威，然後租車或搭乘計程車前往

1.海灘旁的熱鬧店家 **2**、**3**.細白沙灘、椰樹與夕陽

珍南海灘距離機場大約是15分鐘的車程，搭計程車的費用約為25RM。這裡是蘭卡威最熱鬧的公共海灘，沙灘細白乾淨。傍晚的時候，外面的小攤販及餐廳都開始營業，加上看夕陽及在海灘散步的外國遊客人潮，讓這裡相當熱鬧蓬勃，是到蘭卡威一定要來打卡的景點。

Day 2　蘭卡威自駕小環島

巨鷹廣場 → 天空步道與纜車 → 按摩

Spot 1 巨鷹廣場 (Eagle Square)

✉ Kuah Jetty, 07000 Kuah, Malaysia ☎ +604-9667789 ⏲ 08:00～19:00 $ 免費 ➡ 建議租車或搭乘計程車前往

巨鷹廣場就位在瓜鎮碼頭，如果搭船從檳城或泰國方向前往蘭卡威，抵達時第一個映入眼簾的就是它。可以在傍晚時分來這裡欣賞巨鷹及海景之間的光影，也可順便到碼頭旁的購物中心或餐廳用餐。

▲醒目的巨鷹

Spot 2 天空步道與纜車 (Skybridge)

Oriental Village, Telaga Harbour Park ☎ +604-9594225 ⏲ 09:30～19:00 $ 成人入園基本套票45RM(含纜車至天空步道入口)，山頂再搭乘高空纜車需加價15RM(視天候狀況決定營運)，步行則須5RM ➡ 建議租車或搭乘計程車前往 http www.panoramalangkawi.com/skybridge

▲天空步道的遼闊景致

蘭卡威的天空步道是最推薦一定要去的景點。天空步道位在東方村裡面，這裡是一個複合式的遊樂園，等待纜車時還可以免費看一場環形電影。纜車會先停在觀景台，之後再往上停在通往天空步道的入口。如果要繼續上去到天空步道，則需另外購票，步行約15分鐘，需耗費一點體力，也可搭乘纜車。走上天空步道的風景極美，可以看到壯闊的海景及山景。

Day 3 蘭卡威自然醒，搭機返回檳城

Spot 1 稻米博物館 (Museum Laman Padi Langkawi)

Jalan Pantai Cenang 07000 Langkawi ☎ +604-9551118 ⏲ 09:00～19:00 $ 免費 ➡ 靠近珍南海灘，建議租車或搭乘計程車前往

蘭卡威有黑米倉之稱，典故源自古代的暹羅(泰國)與蘭卡威打仗，當地人把米埋在地下，只燒地面上的土地，讓暹羅人以為沒有米可以搶而退兵。在珍南海灘的最北端，有一個呈現自然農業生態的景點，博物館園區外的稻田可以依照耕種時節看到當地人農作的原貌。園區內雖然不大，但因為人不多所以格外清幽。

▲純樸自然的稻田展示區風光

路線7：怡保美食路線

散步路線

南香茶餐室 → 新源隆茶餐室 → 老黃／安記芽菜雞河粉 → 閒真別墅 → 二奶巷與天津茶餐室

Spot 1 南香茶餐室

✉ 2, Jalan Bandar Timah, 30000 Ipoh, Negeri Perak 🕘 06:00～17:00 $ 2RM起 ➡ 可從怡保火車站搭GRAB前往 MAP P.188

南香茶餐室已營業超過70年，是怡保老字號品嘗白咖啡的店家之一，來到這裡除了喝白咖啡之外，就是要吃新鮮現做的蛋塔，還有旁邊的檔口賣著魚丸河粉的「河嘻」、咖哩麵都非常好吃。

◀▼屹立數十年的老字號招牌

◀必吃蛋塔

▶旁邊賣的魚丸河粉一定要吃

Spot 2 新源隆茶餐室

✉ 15A Jalan Bandar Timah ,30000 Ipoh 🕘 06:00～18:00 $ 2RM起 ➡ 可從怡保火車站搭GRAB前往 MAP P.188

新源隆茶餐室就在南香的斜對面，這裡也是怡保白咖啡的創始老店之一，在怡保的舊街場都是當地人跟外地饕客覓食的熱門地點，所以想要品嘗老字號的美味，早點來是正解。

▲新源隆店面

▼白咖啡

Spot 3 二奶巷與天津茶餐室

26, Jalan Panglima, 30000 Ipoh, Perak 08:00～16:30 2RM起 可從怡保火車站搭GRAB前往 MAP P.188

▲二奶巷招牌

▲天津茶餐室門面

▲出名的布丁

二奶巷是近幾年怡保的人氣景點，過去怡保是華人開墾錫礦的重點地區，發跡的有錢商人非常多，因此很多富商會來到這一帶吸鴉片或是打麻將，當然金屋藏嬌的故事也就不少。現在這裡是許多文創商品及紀念品店，來到二奶巷，別忘了到旁邊的天津茶餐室品嘗他們最出名的布丁，還有武夷紅茶茶葉蛋。

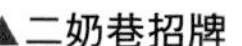

Spot 4 閒真別墅

No 3,Jalan Bijeh Timah (Treacher Street)Ipoh, Perak 週二～日09:30～15:30 採自由捐獻入館 可從怡保火車站搭GRAB前往 MAP P.188

閒真別墅過去是華人富商的高級俱樂部，因此建築的模式就與舊街場其他建築風格大不同。這間別墅的屋主是祖籍廣東嘉應的錫礦大亨梁碧如，於1893建立，整棟房屋充滿英式風格，門前有孔雀圖案的磁磚與室內的義大利地磚是亮點。現在這裡已經是怡保懷舊俱樂部展覽館，可以自由捐獻入場參觀，如果有到怡保舊街場品嘗各種美食的人，不妨到這裡來感受一下舊日的怡保時光，順便去轉角欣賞怡保出名的大型壁畫。

▲閒真別墅外觀

Spot 5 老黃／安記芽菜雞河粉

49, Jalan Yau Tet Shin, Taman Jubilee, 30000 Ipoh, Perak 10：00～晚上(售完為止) 約10RM起 可從怡保火車站搭GRAB前往，約10～15分鐘 MAP P.188

怡保的水質種出來的豆芽菜特別清脆，搭配菜園雞的白切雞肉，就是來到怡保必吃的芽菜雞了，想要吃飽一點的朋友還會再搭上一碗河粉，在怡保很多家的芽菜雞都很經典，知名度最高的還是位在對面的老黃和安記，聽當地人說，他們生意好到碗都來不及洗，是特別用車子載去專門清洗的工廠，洗好再載回來的喔！

▲清燙豆芽與白斬雞，搭配在一起就是出名的怡保芽菜雞

路線8：生態與自然之旅

東馬的古老熱帶雨林有「世界之肺」之稱，豐富多樣性的動植物生態，以及世界級的巨型天然鐘乳石洞，都是讓人嘖嘖稱奇，不可錯過的選擇。

貼心 小提醒

本主題景點距離市中心較遠，建議讀者安排行程時，需預留較多的停留時間。

Spot 1 邦加灣紅樹林遊船與天空之鏡

✉ Bongawan Beach上船出發 $ 約170 RM ➡ 包車前往
⁉ 停留時間：約7小時

到沙巴除了海島沙灘與潛水以外，因地處世界之肺熱帶雨林，所以也不要錯過搭船進入雨林祕境的行程，內容有尋訪長鼻猴，感受滿天星斗，以及螢火蟲大爆發的自然盛宴。

紅樹林生態遊船的行程在KKday或Klook等平台都有行程可以訂購，到當地華人開設的旅行社參加也是不錯的辦法，有的時候用Grab叫車，華人司機也都會給名片，幫忙安排行程。

因為要在海灘拍天空之鏡的日落美照，以及看螢火蟲，所以行程是下午才出發，一般包車或訂購行程都會到旅館接送，車程約1.5小時就來到邦加灣(Bongwan)海灘，簡單吃過點心後，便搭船開始尋訪長尾猴和長鼻猴的蹤跡，比較頑皮的長尾猴會跑到船上跟遊客要東西吃，近距離互動，刺激有趣。

2

日落時分再回到海灘邊，先用過晚餐，接著有專業攝影師會在海邊幫大家拍天空之鏡的美照，相較於西馬的雪蘭莪天空之鏡，沙巴這裡是夕陽特別著名，同為天空之鏡，值得一拍再拍。

日落之後再搭船，趁著月色，再度進入祕境，觀賞螢火蟲從河岸兩旁的樹林飛入你眼前的盛況。

1

3

1.搭船探訪紅樹林秘境／2.滿天星斗、螢火蟲與紅樹林／3.邦加灣海灘一景／4.祕境紅樹林一景／5.美滋滋的天空之鏡成果照／6.跳上船跟遊客要香蕉和瓜子吃的長尾猴／7.用熱情按快門的天空之鏡攝影師／8.沙巴夕陽下的剪影

Spot 2 神山京那峇魯國家公園(Kinabalu National Park)

✉ Kinabalu National Park, Ranau, Sabah ☎ +608-8448709 ⏲ 07:00～17:00 $ 一般入園票價50RM；攻頂另需辦登山證400RM(以上是非馬國公民成人票價) ➡ 因路途遙遠，建議由亞庇市區包車前往，車程約2小時，車資約180RM；或至獨立廣場Merdeka Field旁的長途巴士站搭車 ? 停留時間：6～8小時 http www.mountkinabalu.com

▲戰爭紀念公園裡的沉思水池與遠眺山景

▲山景與甘榜(村落)

神山是東南亞第一高峰，海拔4千多公尺，也是馬來西亞第一個被選為世界自然遺產的景點，喜歡大自然及爬山的遊客們不可錯過。一般遊客可選擇自行前往1日遊，景點包括樹頂吊橋、波令溫泉及乳牛牧場。樹頂吊橋爬起來頗費體力，圍繞大樹群的6座吊橋很有雨林探險的氛圍。

若住在國家公園內的旅館，可以欣賞日落及日出時變幻莫測的山嵐及雲霧。住在半山腰的度假村也是不錯的選擇，可順道參觀昆達山戰爭紀念公園(Kundasang War Memorial)，園內有代表婆羅洲、英國及澳洲的花園，遠眺神山心曠神怡。

如果想要攻頂到羅氏峰，要預留2～3天的時間，並辦理入山許可證。路線以丁波奴棧道及馬西勞棧道最常見。前者適合初級登山客，後者難度較高但沿路的自然生態更豐富。

▲神山山景(照片提供：馬來西亞觀光局.台灣(Tourism Malaysia Taiwan))

行家秘技 德薩乳牛牧場(Desa Dairy farm)

乳牛品種來自荷蘭，牧場占地廣大，適合大人小孩同遊，遊客的範圍大多集中在小牛飼養區和餐廳一帶，可以購買草和牛奶餵小牛，一旁販售乳製品的餐廳十分熱門，冰淇淋、鮮奶都十分受歡迎。

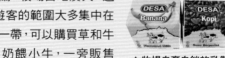

▲牧場自產自銷的乳製品香濃好吃

▲現場有販售餵養小牛的草和奶水

✉ Level 3, West Wing,Wisma 2020, 18, Lorong Belia, Karamunsing,88100 Kota Kinabalu, Sabah ☎ +608-8888531 ⏲ 08:00～17:00 $ 成人票5RM ➡ 建議由亞庇市區包車前往，車程約2小時。或購買旅遊平台1日遊行程 FB Desa Dairy farm

Spot 3 砂拉越古晉峇哥國家公園 (Bako National Park)

距離古晉市區約37公里 +6082-248088(訂票用)；+6082-431068/+6082-431336(碼頭搭船的電話)；+6082-478011(國家公園管理處電話) 全天開放，國家公園管理處08:00～17:00 入園門票20RM Step1：在古晉市乘坐 Petra Jaya 6號巴士或Rapid Kuching 1號線，前往巴哥村(Kampung Bako)旁的國家公園管理處，車資為2～3.5RM，車程約1小時。也可包車前往，一台車40RM左右；Step2：管理處前的碼頭乘船，一艘船47RM，可多人均分，船程約30分鐘抵達峇哥國家公園大門口 停留時間：3～6小時 google搜尋Bako National Park

峇哥國家公園是砂拉越州最早的國家公園。「Bako」是伊班族原住民的語言，意即「紅樹林」。到國家公園後，建議找當地合格的英語導遊陪同，基本上導遊沒有摸過的東西或走過的路都不要自己去探索。公園生態非常原始，所以可能會有誤觸有毒動植物的危險。如果堅持自行到公園探索，也一定要在公園管理處登記，萬一有危險時，才有辦法救援。另外，有效控管入園旅客，也是保護當地的天然原始面貌的方法。

進入國家公園一定要搭船，為了安全起見都要穿救生衣，沿途風光秀麗，但河裡有許多鱷魚，所以不要隨意把手腳放進水裡。抵達公園後會先由沙灘登陸，目前公園規畫的路線有18條，耗時的時間從半小時到3小時不等。如果對植物生態有興趣的可以選擇Lintang環狀路線，沿途可以看到森林、沼澤、紅樹林、懸崖的等景觀。此外Delima海灣及Paku海灣路線，則是最容易在清晨或午後看到長鼻猴。在小海灣一帶，可以看到陡峭的懸崖、沙灘、豬籠草。一般觀光客都會喜歡在這裡找尋長鼻猴與豬籠草的蹤影，但能否看到全憑運氣。所以可以依自己的體力與時間規畫選擇路線。

1.保留相當傳統漁村風格的峇哥漁村，準備從這邊搭船前往國家公園／**2**.搭乘小艇前往國家公園，一船為5人／**3**.國家公園大門，遊客從市區過來在此下車／**4**、**5**.海灣線盡頭，可以從這邊搭船回到國家公園管理處

路線9：馬六甲娘惹懷舊散步路線

散步路線

峇峇娘惹博物館 → 得益啡 → 又見馬六甲 → 地理學家咖啡館

1 峇峇娘惹博物館 (Baba & Nyonya Heritage Museum)

48-50, Jalan Tun Tan Cheng Lock,75200 Melaka +606-283-1273 週 ～四10:00～17:00，週五～日10:00～18:00(每個整點有導覽) 成人票18RM，孩童票11RM 由荷蘭紅屋區步行可到達 babanyonyamuseum.com P.183

峇峇娘惹在家庭中保留了大部分的華人特質，傳統儒家思想中的「長幼有序」、「慎終追遠」、「男主外女主內」等與中國大同小異，甚至很多細節比中國華人還更傳統。這座博物館主人是曾姓人家，早年經營皮革製造業與橡膠種植發跡，屋內的家具與設計呈現清末民初時期多元文化，帶點荷蘭、英國、中式混搭風格的奢華感。現在這棟百年豪宅已經變身成為博物館，展示精緻的峇峇娘惹文化給世人欣賞。

1.進門的這扇精緻屏風要價不菲，燈籠上寫著曾府／**2**.博物館的外觀常常出現在峇峇娘惹相關主題影視作品中

豆知識

娘惹是什麼？

簡單來說，華人的父親與馬來的女子結婚，生下來的女兒就是娘惹(Nyonya)，生下來的兒子就是峇峇(Baba)。這個文化比華人文化更重視慎終追遠的傳統，在服裝與飲食上都融合了馬來風與中國風，那麼華人父親是從哪裡來到馬來半島的呢？最著名的就是明代時期鄭和下西洋了！鄭和7次奉使海外，激起華人海外貿易與殖民的興趣，也奠定華僑在南洋殖民的深厚基礎。基本上出使的船隊人數都高達1～2萬人，不會每次都完整歸隊回到中國，部分華人會選擇在馬來半島落地生根，因此一代傳一代，逐漸形成娘惹文化，成為新馬一帶另一種文化的美麗面貌。

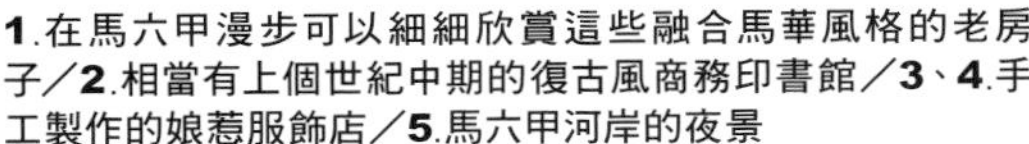

1.在馬六甲漫步可以細細欣賞這些融合馬華風格的老房子／**2**.相當有上個世紀中期的復古風商務印書館／**3**、**4**.手工製作的娘惹服飾店／**5**.馬六甲河岸的夜景

Spot 2 得益啡 (The Daily Fix Café)

◀咖啡拉花挺美

▼班蘭鬆餅裡還有椰糖，賣相與口感都很好

Lot 55, Jonker Street, Jalan Hang Jebat +606-2834858 10:00～17:30，週末上午08:30開始營業 每人約10RM起跳 面向荷蘭紅屋廣場，左轉過橋之後即可到達雞場街，步行約3分鐘 FB thedailyfixcafe MAP P.183

得益啡咖啡館算是到馬六甲最熱門的一家打卡咖啡店。穿過前面小小的創意手作紀念品店後，就可以看到將老舊的娘惹式房屋打造成富有魅力的咖啡館。店內的布置走復古風格，咖啡的拉花頗美，口感醇厚。推薦必點的甜點是本地班蘭鬆餅(Local Pandan Pancake)。用班蘭葉的天然香氣與烤鬆餅香氣結合，每一片鬆餅還裹上椰糖，熱熱的一口咬下滋味令人印象深刻。

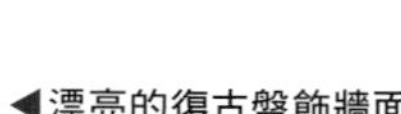

◀漂亮的復古盤飾牆面

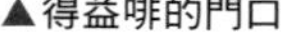

▲得益啡的門口

▲內部裝潢頗具復古文青風格

Spot 3 又見馬六甲

No.1, Jalan KSB, Impression 8, Impression City @ Kota Syahbandar, 5200 Melaka +606-292-6333 週～六17:30、20:30，週日14:30、17:30 普通席148RM、貴賓席248RM、尊賓席568RM、友愛席98RM 搭乘Grab或自駕 http encore-melaka.com/ticketing MAP P.183

《又見馬六甲》是名導王潮歌的大型情景體驗劇，屬於「印象與又見系列」，也是這系列首度在中國以外的地方表演。雖然《又見馬六甲》不是實景山水，但馬來西亞永大集團卻為了這齣劇蓋了一座展演場地，有360度旋轉的觀眾席，長達240公尺的舞台。節目全長一個多小時，囊括馬來、印度、原住民及華人的在地演員兩百多名，使用馬來語、英語、華語及少量印度淡米爾語、葡萄牙語和一些本土方言演出，透過《馬來紀年》當中提到的「拜里米蘇拉」、「鄭和」、「峇峇娘惹」、「六個母親」、「戰亂中孕育生命的母親們」、「風箏」6個主題來闡述「傳承」的核心精神，在世界遺產古城欣賞這場表演，格外有味道。

1、**2**.娘惹的場景美輪美奐，令人目不暇給／**3**.表演的場館／**4**.結束後可與演員合照

Spot 4 地理學家咖啡館 (Geographer Café)

✉ Lot 83, Jonker Street, Jalan Hang Jebat ☎ +606-2816813 ⏲ 10:00～次日01:00，週末09:00開始營業 $ 每人約10RM起跳 ➡ 面向荷蘭紅屋廣場，左轉過橋之後即可到達雞場街，步行約4分鐘 http www.geographer.com.my MAP P.183

這間咖啡館是在雞場街老牌的人氣店家，馬六甲大部分的店家比較早關店，晚上除了在河邊散步以外，這裡是享受馬六甲古城夜生活好地方。即使到晚上10點也能有正餐及多種飲品可以選擇，是西方旅人非常喜歡駐足停留的一家店。這裡同時也是電影《夏日的麼麼茶》的拍攝地喔！

▼哈密瓜冰茶

▲地理學家咖啡館生意相當好

路線10：尋訪肉骨茶的家鄉

巴生美食散步路線

咏春肉骨茶 → 大肥婆肉骨茶 → 福建會館 → 螃蟹島

咏春肉骨茶

✉ 17, Jln Angsa, Taman Berkeley, 41150 Klang, Selangor ☎ +6018-7914119 ⏰ 07:30～14:00 $ 13RM起 ➡ 搭KTM火車在Klang站下車，轉搭Grab

巴生是福建黑湯派肉骨茶的發源地，起源於早年巴生港的華工搬運貨物，需要補氣補體力的早餐，便利用散落的藥材和豬骨熬湯，久而久之，從最開始做的「肉骨地」(李文地)的名字，演變成食物的名字。肉骨茶有瓦煲類似小火鍋的吃法，也可挑選部位(腳彎、腳截、小骨、大骨)，配上濃稠湯汁，湯汁配飯一口肉一口茶，是來到巴生一定要體驗的早餐。

1.自家出的肉骨茶湯包／**2**.饕客都知道要點哪個部位，一口湯一口肉配飯／**3**.湯濃肉美的肉骨茶老店／**4**.價目表

Spot 2 大肥婆肉骨茶

LYL Food corner, No., 43, Lorong Lang, Taman Berkeley, 41150 Klang, Selangor +6018-4098983 07:00～14:00 13RM起 搭KTM火車在Klang站下車，轉搭Grab

▲可自帶茶葉或用店家茶葉，煮茶吃肉一大樂事

除了湯派的肉骨茶汁之外，還有乾式肉骨茶特別出名，而大肥婆肉骨茶便是兩種口味都獲得當地老饕讚譽的店家，用砂鍋將肉骨熬煮至乾香，一口咬下還會吃到靈魂配料乾魷魚、秋葵。除此之外，還有當地人喜歡吃的豬腳醋，也都是熱銷美食。

▲大肥婆招牌醒目，其實老闆娘是位個頭嬌小的人

▲乾式肉骨茶

Spot 3 福建會館

▲福建會館中式門面

3216, Jalan Batu Tiga Lama, Kawasan 16, 41300 Klang, Selangor
+603-3341-7772
09:00～ 17:00
搭KTM火車在Klang站下車，轉搭Grab
hokkienklang.com

▲位在一樓祕書處旁的歷史長廊

▲歷史長廊有豐富的紀錄與陳列

巴生肉骨茶的原型可以追溯到福建永春，當年許多來自永春的移民下南洋到馬來半島謀生，經過幾代的經營，胼手胝足互助合作，在1904年就成立了會館。在福建會館的歷史走廊，可以深入了解福建人在這裡打拚的百年歲月。

螃蟹島 (Pulau Ketam)

➡ 搭乘KTM火車至Pel.Klang火車站下車，出站後右轉直走至碼頭搭乘渡輪 🕒 從巴生出發首班08:30，每小時一班；從螃蟹島出發，首班07:30每小時一班，末班17:30。船程45分鐘 💲 成人票來回18RM，孩童票10RM http 預訂船票：www.alibabacruises.my/index.php/en

馬來語Pulau是島的意思，Ketam是螃蟹的意思，這個島的名字也常被照發音念，稱作「吉膽島」。整座島以高腳屋的型式呈現，就連道路也一樣，路面用一根根木頭撐起，再將每棟水上人家的房屋連成一片，鋪上水泥，儼然就是一座水上人家的小島。目前島上人口有數千人，以華人居多，可以租腳踏車在島上漫遊，大啖海鮮，看夕陽，也可以住在島上的民宿，悠閒感受離島慢步調的風光。

1、2.抵達螃蟹島的碼頭，有個大大的螃蟹歡迎你／3、4.島上華人食物多元，海鮮尤其肥美／5、6.租腳踏車是最方便遊小島的方式，一條龍服務島上觀光的店家並不好／7、8.水上高腳屋小鎮的樣貌

路線11：祕境雪蘭莪

天空之鏡 (Sky Mirror Kuala Selangor)

✉ Jalan Sultan Mahmud, 45000 Kuala Selangor, Selangorr ☎ +6010-5091007
🕘 06:00～22:00 ➡ 需自駕，但建議包車前往，因為需要有經驗的人幫忙拍照

雪蘭莪州是個容易被忽略但出乎意料有很多好玩的地方，大概是因為身為聯邦直轄區的吉隆坡名氣太過響亮，其實吉隆坡的地理位置就在雪蘭莪州。讓台灣人趨之若鶩的天空之鏡，在這裡也有機會拍到。

先到沙沙蘭漁村，品嘗當地著名的海鮮料理，然後穿上救生衣搭快艇出海。天空之鏡有3個要素：退潮時分、風平浪靜時，還有要懂得先找到退潮後會形成的較大潟湖點在哪裡，尤其第三點最需要經驗。因此，乘坐快艇到達沙沙蘭淺灘(Sasaran Beach)，預計好退潮後要拍攝的點後，工作人員會先用旗幟標示拍攝點，此時水深大概及膝。可以先在旁邊玩水拍照，等到水退之後，大家站在退潮後的海灘上，利用剛才找到的潟湖點來拍攝倒影，工作人員非常有經驗，還會帶各種小道具，幫大家拍出各種驚豔的美照。不論大人小孩都會玩得非常開心。

1.沙沙蘭漁村及餐廳／2.搭乘快艇出發／3.占好拍攝點的工作人員幫大家喬位置，大片就是這樣拍出來的／4～6.成果照

路線12：馬來西亞汶萊雙國週末遊

位在砂拉越州北端的美里，距離汶萊邊境開車只要半小時，因此除了從台北直飛以外，能夠進到汶萊最快的路徑就是從美里出發。

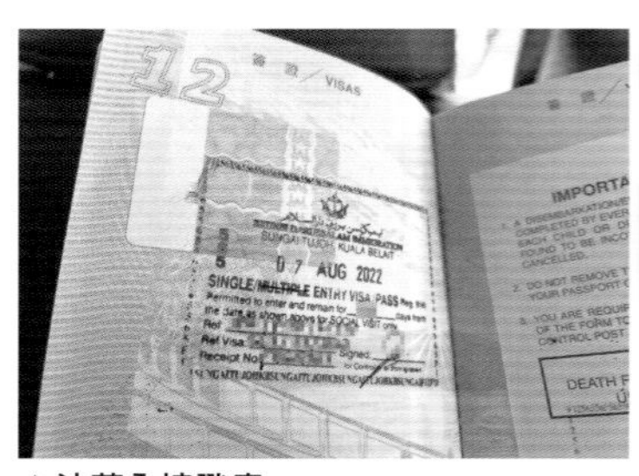
▲汶萊入境戳章

▲回程的邊境關卡

▲汶萊邊境關卡

Day 1：美里、汶萊斯里巴加灣市

美里加拿大山與石油博物館 → 驅車陸路通關，前往汶萊 → 汶萊水村 → 帝國飯店住宿

Spot 1 美里加拿大山與石油博物館 (Petroleum Museum)

✉ Jabatan Muzium Sarawak, Canada Hill, Jln Oil Well No. 1, 98000 Miri, Sarawak ☎ +6082-244232 ⏲ 09:00～16:45 週一公休 $ 免費 ➡ 自駕 MAP P.204

美里與汶萊同樣都產石油，只要站在海邊，就可以看見遠處油井在鑽油的標示。馬來西亞的第一桶石油便是在美里的加拿大山挖出，據說一名加拿大人發現此地有石油，因而命名，後來就有了一號油井。2005年美里升格為市，在州政府與殼牌石油公司的資助下興建了這座石油博物館。從這裡眺望海景很美，可居高臨下，欣賞美里小而美的市景，平時也是當地人跑步運動的好地點。

1.第一口油井／**2**.石油博物館／**3**.加拿大山上看美里市景

Spot 2 汶萊水村(Kampong Ayer)

✉ Google導航定位輸入「Balai Bomba Sungai Kewen」，旁邊有停車場，再步行至最近的水村口 ⏲ 全日 $ 免費 ➡ 自駕

汶萊水村占地廣闊，大約有3萬名居民，出入口頗多，水村裡面也有路牌指示。以我的經驗建議從汶萊柯文河消防局(Balai Bomba Sungai Kewen)旁的入口進入，一探汶萊水村的樣貌。

1.水村占地廣闊／**2**.整齊新穎的房屋樣式

大多數人會把汶萊與有錢畫上等號，其實也未必每個人都是住豪宅開好車，有看起來像小別墅的房屋，也有簡陋的木板屋，但因為汶萊的社會福利做得很好，所以即使住在水上人家，也都是基本需求俱全。水村裡面有住宅、餐廳、雜貨店、清真寺等等。有些居民會把房子開放成民宿，歡迎遊客來體驗。汶萊因為石油便宜且進口車的稅很低，因此每人一輛車的情況很普遍，甚至還曾經是擁有Mercedes-Benz車比例最高的國家。

Spot 3 帝國飯店(The Empire Brunei)

✉ Kg Jerudong, Muara - Tutong Hwy, Brunei
☎ +673-2418888 $ 1,000RM起 ➡ 自駕

如果要感受汶萊的皇室風情，那就一定要在帝國酒店住一晚，如果口袋不夠深，也可以來這裡吃一頓飯或是在泳池邊喝下午茶，欣賞海天一線，體驗難得的汶萊度假風情。

1.後方的泳池區是看海放空的好地方／**2**.在門口停車進入時還未感受到帝國飯店的氣派／**3**、**4**.一走進飯店，數層樓挑高的大廳，氣勢磅礡

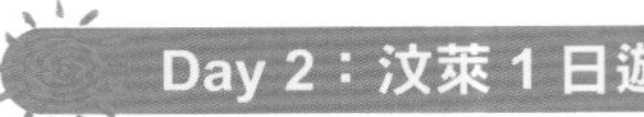

Day 2：汶萊 1 日遊

奧瑪爾．阿里．沙利胡丁清真寺 → 傑米清真寺 → 銀禧紀念館 → 吳尊的麵包店 → 陸路通關，返回美里

Spot 1 奧馬爾．阿里．沙利胡丁清真寺(Masjid Omar Ali Saifuddien)

▲清真寺的金黃洋蔥頂在藍天之下顯得很漂亮

✉ Jalan McArthur, Bandar Seri Begawan BS8711 ☎ +6082-244232 🕒 08:30～17:30(祈禱時間不開放) $ 免費 ➡ 自駕

汶萊實行伊斯蘭法律，是虔誠的穆斯林國家，因此境內有非常多漂亮的清真寺，這間奧馬爾．阿里．沙利胡丁清真寺被譽為亞洲最美的清真寺之一。這座清真寺於1958年完成，黃金的洋蔥頂成為斯里巴加灣市美麗的地標之一。

▲穿戴符合的服裝規定，進入清真寺拍照

Spot 2 傑米清真寺(Masjid Jame Asr Hassanil Bolkiah)

✉ Simpang 127, Bandar Seri Begawan 🕒 08:30～15:00(祈禱時間不開放) $ 免費 ➡ 包車或自駕

傑米清真寺是汶萊最大的清真寺，有29個圓拱金頂，是黃金打造而成，在清真寺內的噴泉造景前拍照，搭配氣勢非凡，黃金澄澄的圓頂背景，完全就是這個富裕小國的最佳拍照點。

1、2.清真寺2樓祈禱大廳與花園景致／3.拍照很好看的清真寺

Spot 3 銀禧紀念館 (The Royal Regalia Building)

✉ Jln Sultan Omar Ali Saifuddien, Bandar Seri Begawan ⏲ 09:00～17:00(週五不開放) $ 汶萊幣5元 ➡ 包車或自駕 http reurl.cc/M42xb3

為了紀念現任汶萊蘇丹登基25周年的紀念館，展示了蘇丹所使用的物品，還有登基的馬車車隊，氣勢非凡。展覽館也展出許多皇室成員的照片，可以說是了解汶萊蘇丹皇室生活的博物館。

1.銀禧紀念館外觀
2.皇家車隊
3.歷任蘇丹照片

吳尊的麵包店 (Bake Culture Brunei)

✉ No.6, Ground Floor, Block B, Urairah Complex, Kg. Kiulap, Bandar Seri Begawan, Bandar Seri Begawan ⏲ 07:30～10:00 ➡ 包車或自駕 IG bakeculturebrunei

1.麵包店外觀／**2**.吳尊人形立牌是大家都會合照的點／**3**.口味眾多的餅乾，適合當伴手禮

汶萊最為台灣人熟知的人物之一就是明星吳尊，他在汶萊有開設麵包店和健身房，雖然遇到吳尊本人機率很低，但店內有1:1人形立牌，麵包和糕點品項眾多，價格也頗實惠，還有口味特殊的椰漿飯餅乾。

路線13：金馬倫高原茶園自然2日遊

金馬倫高原是馬來西亞人的避暑勝地，位在距離吉隆坡開車約3小時左右的彭亨州，由於有一定的車程加上假日一定車水馬龍，所以建議至少2天1夜會玩得比較盡興。這裡是許多電影的拍攝場景，也是馬來西亞品牌BOH的茶園所在地。茶園種植的歷史從英殖民時期便非常出名。

Spot 1 草莓園

▲令人垂涎的草莓

➡ 自駕或包車前往

金馬倫高原海拔約1,800公尺，氣溫約20度上下，因此山區的蔬菜和水果特別鮮甜漂亮，這裡有很多草莓園或花卉園，在驅車前往的路途中可以選擇一處坐下來歇息，雖然對台灣人來說可能吸引力不夠大，但這裡的蔬果確實很好吃。

▲高山蔬菜

Spot 2 茶園風光

✉ Google導航定位輸入「Balai Bomba Sungai Kew-en」，旁邊有停車場，再步行至最近的水村口 🕒 全日 $ 免費 ➡ 自駕

1.非常療癒眼睛的茶園風光／**2**、**3**.茶廠自設的景觀餐廳是來金馬倫一定要體驗的下午茶時光

1

由於這裡的氣候非常適合種茶，滿山一眼望不盡的茶園山坡景色是最大的賣點。這裡有很多小型茶園與茶廠，最大的品牌是BOH寶樂茶，欣賞風景之餘，也可以找一間茶園進去喝個下午茶，自家茶廠出產的茶品價格實惠，送禮自用兩相宜。

Spot 3 迷霧森林 (Mossy Forest)

✉ Gunung Brinchang, Brinchang, 39000 Brinchang, Pahang ☎ +6013-67414063 🕒 09:00～16:00 $ 成人票30RM ➡ 包車或自駕

因為潮濕，水氣夠高，所以這裡有一個步道園區可以看見大自然鬼斧神工的苔蘚森林，入園之後的步道還滿好走的，沿路都可以看見橫跨彭亨州和霹靂州的牌子，喜歡大自然吸收芬多精的也可以安排到這裡來走走。

1.園區大門／**2**.步道沿路的風景很漂亮／**3**.園區是橫跨彭亨和霹靂兩個州／**4**、**5**.苔癬自然樣貌

路線14：馬印邊境石隆門一日小旅行

奇石仙洞探險路線

砂拉越南邊的首府城市古晉，靠近印尼的加里曼丹，若來到這裡，推薦安排一趟邊境小旅行。

石隆門碧湖景區+帽山 - - 砂南坡石迷公園 - - 仙洞 - - 新堯灣夜市

Spot 1 石隆門碧湖景區+帽山

Google導航定位輸入「石隆門碧湖、帽山三山國國廟」 全日 免費 自駕或搭Grab，距離古晉市區車程30分鐘(不塞車時)

位在馬印邊界的石隆門自19世紀有人發現金礦之後，大量華人從印尼坤甸移至這一帶開墾，華工形成「十二公司」的組織，以開發石隆門、帽山一帶的資源為主，其中以客家籍的華人居多。後來「十二公司」與當時白人布洛克王朝利益衝突，成為最大的華工事件。過去挖礦時，挖出的自然大坑成為了「碧湖」，近年在有計畫的開發與整理之下，已從過去陳舊的小鎮轉型為新的地標，吸引旅人來訪。

▲帽山是早年華工起義的地點

▲碧湖是金礦開挖後留下的大坑，風景很不錯，且新增了一些遊船的水上活動

▲石隆門最早的店屋

Spot 2 砂南坡石迷公園(Rock Maze Garden)

Google導航定位輸入「砂南坡石迷公園」 全日 免費 自駕或搭Grab，距離古晉市區車程30分鐘(不塞車時)

這是最新開放的自然景觀景點，也是最令我驚豔的地方，我覺得它有世界級景點的潛力，整座公園如果沒有做新招牌的話，入口其實是隱身在石王爺廟的後面，更添神祕性。進入後有如來到科幻場景的奇石陣一樣，有波浪岩也有各種形狀的大石頭，全部都是大自然的鬼斧神工，歷經千百萬年而形成的，在巨石陣中就像在拍科幻冒險電影一樣，值得一遊。

▲位在大馬路旁的世界級景點，如果沒有這個招牌，一般人應該找不到入口

▲在大馬路邊往裡面看就像神祕的岩石森林

Spot 3 仙洞 (Fairy Cave)

Google導航定位輸入「fairy cave」 +6013-8035516 09:00～16:00 非馬來西亞公民成人票5RM，孩童票2RM 自駕或搭Grab，距離古晉市區車程40分鐘(不塞車時)

從石隆門開往仙洞的路上會十分靠近另外一個印尼邊境小鎮—西里京(Serikin)，這裡每個週末都有個西里京市集，許多印尼人會背著物品或手工物來擺攤販售，物價低廉，吸引很多馬來西亞人開車來這裡購物、踏青。

而仙洞本是當地原住民比達尤族的地方，喜歡極限運動和冒險的朋友，可以來此攀岩，這裡也有樓梯，方便一般人登高賞景。洞穴內很潮濕，記得要穿防滑的鞋子、戴棉線手套以及帶手電筒。鄰近處還有一個風洞(Wind Cave)，不過目前暫停開放。

▲仙洞的外觀非常醒目，一路上的指標也都很清楚

▲售票處

▶前往仙洞的路上可以看見往印尼邊境小鎮西里京的告示牌

▲景區內的波浪岩，鬼斧神工

Spot 4 新堯灣夜市(Siniawan Night Market)

Google導航定位輸入「siniawan」 週五～日16:30～23:00 基本消費10RM起 自駕或搭Grab，距離古晉市區車程30分鐘(不塞車時)

這裡有很多傳統客家美食，東西很好吃，價格公道。詳細介紹請參見P.122。

▲紅燈籠點上後的夜市更有味道

吉隆坡

Kuala Lumpur

現代高塔與古典建築的完美融合

吉隆坡是兼具殖民色彩與現代化的時尚首都，可以在一座城市感受穿越百年的風情。它同時也是重要的國際轉運樞紐，不論是東南亞至南亞，抑或是前往中東與歐洲，吉隆坡的黃金地理位置，成為世界各國旅客轉乘及旅行的首選地。

行程建議

吉隆坡是個不大不小的首都城市，也是亞洲轉機前往中東及歐洲的重要城市，所以不管是專程到吉隆坡旅遊，或是將吉隆坡當成一個中繼站，這裡都是值得停留賞玩的城市。可以將吉隆坡當作馬來西亞拼圖旅程中的其中一站，以它來搭配其他馬來西亞城市。

四天三夜後殖民的美食購物之旅

Day 1 機場 → 中央轉運站 → 武吉免登 → 亞羅街 → Lalaport

Day 2 搭乘火車前往巴生吃肉骨茶逛印度街 → 吉隆坡舊火車站 → 中央藝術坊 → 茨廠街 (鬼仔巷、REXKL)

Day 3 國油雙峰塔 → 吉隆坡塔 → 國家皇宮 → 國家清真寺 → 武吉加里爾柏威年購物中心 (Pavilion Buklit Jalil)

Day 4 獨立廣場 → 聖瑪莉教堂 → 蘇丹阿都沙末樓 → 嘉美克清真寺 → 太子城 → 機場

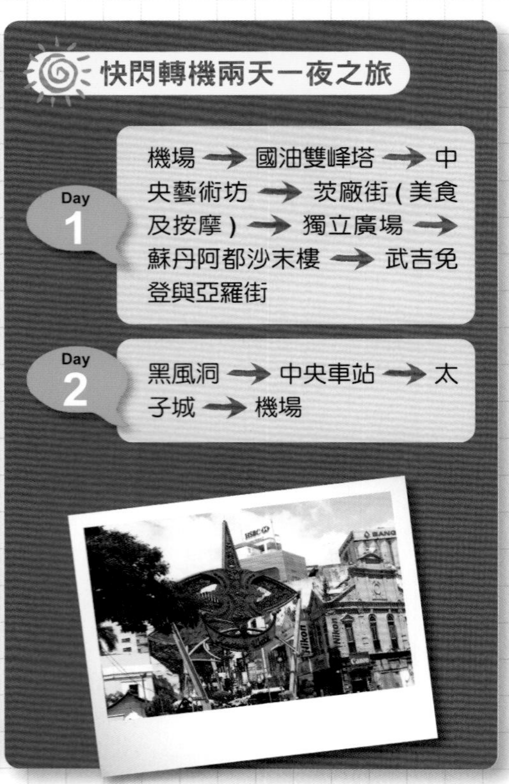

快閃轉機兩天一夜之旅

Day 1 機場 → 國油雙峰塔 → 中央藝術坊 → 茨廠街 (美食及按摩) → 獨立廣場 → 蘇丹阿都沙末樓 → 武吉免登與亞羅街

Day 2 黑風洞 → 中央車站 → 太子城 → 機場

吉隆坡市區地圖
A&R Urbanh Hotel
Wai Hoong出租公寓
宜必思吉隆坡市中心酒店
ibis Kuala Lumpur City Centre
Jalan Ampang
國油雙峰塔
陽光廣場購物中心
Jalan P. Ramlee
Jalan Sultan Ismail
Jalan Kuching
Gombak River
Jalan Raja Laut
Klang River
Jalan Ampang
蘇丹阿都沙末樓
Sultan Abdul Samad Building
吉隆坡塔
KL Tower
柏威年購物中心
Pavilion
國家英雄紀念碑
National Monument
印度市集與清真寺
Bazar
Jalan Melayu
比格M酒店
BIG M HOTEL
Jalan Parlimen
生命之河
River of Life
嘉美克清真寺
Masjid Jamek
Jalan Tun Perak
Jalan Raja Chulan
吉隆坡雜誌精品酒店
The Kuala Lumpur Journal Hotel
Jalan Cenderawasih
Jalan Kinabalu
Jalan Raja
Jalan Raja
Lebuh Ampang
Jalan Gereja
Jalan Tun HS Lee
Jalan Hang Lekiu
Jalan Changkat Bukit Bintang
華氏88廣場
Fahrenheit 88
Jalan Bukit Bintang
獨立廣場
Merdeka Square
Lebuh Pasar Besar
Jalan Tun Tan Siew Sin
Tengkat Tong Shin
Jalan Alor
國家紡織博物院
National Textile Museum
Kunafa Crisp
金河廣場
Sungei Wang Plaza
葉亞來路
蘭花園
Orchid Garden
中央藝術坊
Central Market
Jalan Tun Tan Cheng Lock
Jalan Pudu
REXKL
Jalan Hang Lekir
仙四師爺廟
Sri Mahamariamman Temple
亞羅街夜市
Jalan Alor
LaLaport BBCC
鳥園
Bird Park
Jalan Lembah
Jalan Perdana
茨廠街
Petaling Street(China Town)
國家清真寺
National Mosque
Jalan Sultan
蘇丹街
Jalan Tun HS Lee
Jalan Hang Jebat
Jalan Hang Tuah
伊斯蘭藝術博物館
Islamic Arts Museum
鬼仔巷
Jalan Petaling
陳氏書院
Jalan Kinabalu
吉隆坡舊火車站
KL Station
Jalan Hishamuddin
Jalan Damansara
Jalan Maharajalela
中央轉運站
KL Sentral
Jalan Damansara
蔦屋書店
Bukit Jalil Tsutaya Books
武吉加里爾柏威年購物中心
Pavilion Bukit Jalil
吉隆坡過境膠囊旅館
Capsule Transit
(Airport Transit Hotel)
Jalan Syed Putra
谷中城
Mid Valley
Jalan Istana

世界最高的雙棟大樓

國油雙峰塔
(Petronas Twin Towers)

Kuala Lumpur City Centre, 50088 Kuala Lumpur +603-26158188 週二～日09:00～21:00，週一閉館 成人票85RM 搭乘紅線LRT至KLCC站下車可進入Suria KLCC商場；或搭乘觀光巴士至第23站。Go KL免費巴士紫線也可到達 www.petronastwintowers.com.my MAP P.169

▲觀景台大廳

參觀吉隆坡地標的國油雙峰塔有兩種方法，一是僅拍外觀，然後至1樓的廣場花園拍照，然後在Suria KLCC商場逛一逛。第二種是搭乘電梯至觀景台欣賞。後者須先上網購票，選擇日期及場次，並完成線上信用卡付款，取得確認信之後，至現場憑信件或上面的取票號碼領票。雙峰塔相當熱門，如果沒有提前購票，當天想要的時間可能會客滿。

取票之後在大廳等候，會有導覽人員在電梯口進行解說，之後電梯至41層短暫停留，這是連結兩座高塔建築的中間通道，好萊塢電影《將計就計》(Entrapment)在此拍攝過。之後隨著導覽人員搭乘電梯到86樓，可以欣賞另一座高塔的頂端與天際線，以及俯瞰吉隆坡市景，相當美麗。

▲從1樓的廣場花園拍攝雙峰塔

行家秘技 雙子星夜景拍照點

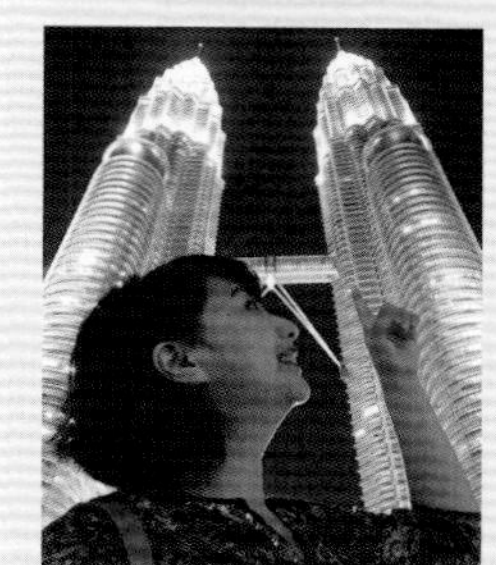

拍照點位在KLCC SURIA的COACH專櫃附近，如果用Grab，可以將上下車地點設定在這裡，司機就不會找不到了。

◀與雙子星合照不困難

甜美淡粉色法院

獨立廣場與蘇丹阿都沙末樓 (Dataran Merdeka & Sultan Abdul Samad Building)

Jalan Raja Laut 全天 免費 搭乘LRT至Masjid Jamek站下車，出站後右轉直走約5分鐘即可到達。或搭乘觀光巴士在第17站下車 MAP P.169

獨立廣場是紀念1957年8月31日馬來西亞脫離英殖民獨立，大草坪前方是皇家雪蘭莪俱樂部。在馬來西亞尚未獨立以前，這裡是板球、鉤球及橄欖球賽的賽場，相當地富含英殖民的色彩。此外，全世界最高的旗桿就位在這獨立廣場上。蘇丹阿都沙末樓，就在獨立廣場對面，建於1897年，是一座融合了摩爾式、英國殖民地及蒙兀兒回教風情的建築。目前是聯邦法院及高等法院的所在地，《警察故事3》等多部中外電影均在此拍攝過。

1.吉隆坡前幾年進行的生命之河計畫，將這一區的古蹟建築與河流打通成一個景點／**2**.獨立廣場上的最高旗桿／**3**.淡粉紅色的蘇丹阿都沙末樓相當漂亮

最高元首的安樂窩

國家皇宮
(National Palace / Istana Negara)

✉ Jalan Duta, Kuala Lumpur, Wilayah Persekutuan Kuala Lumpur ⏲ 大門外全天開放照相 $ 免費 ➡ 搭乘觀光巴士至第13站

2011年新落成啟用的國家皇宮取代了舊的皇宮，地點比之前的稍遠了些，搭乘觀光巴士前往最方便，或是搭計程車。皇宮目前為馬來西亞最高元首的官邸，遊客可以在皇宮大門外的廣場拍照或是與士兵合影。

1.皇宮氣派的大門
2、**3**.皇宮衛兵是熱門的拍照點

馬來西亞最美書店

蔦屋書店
(Bukit Jalil Tsutaya Books)

✉ WP KL, Lot 2.89.00, Level 2 Orange Zone, Pavilion Bukit Jalil, Persiaran Jalil Utama, Bandar Bukit Jalil, 57000 Kuala Lumpur ☎ +603-80800365 ⏲ 10:00～22:00 ➡ 建議搭乘Grab，因為鄰近並無大眾運輸站，步行路程較遠 MAP P.169

蔦屋書店位在武吉加里爾柏威年購物中心(Pavilion Buklit Jalil)裡面，是2022年夏季甫開幕的大型書店，更有馬來西亞最美書店的譽稱。書店主要均是以外文書籍為主，善用天花板鏡面的設計，讓書架有無邊際感。整體空間明亮，並且有許多座位適合想閱讀的民眾。書店內有輕食咖啡吧，價格還算平價，在書店走累了可以喝杯咖啡再繼續充電。

▲書店門口

天花板鏡面與書架倒影讓書店視覺非常挑高▶

全球十大河岸美景之一

吉隆坡生命之河 (River of Life)

音樂噴泉：每日21:15、21:30、21:45、22:00、22:15、23:00 搭乘LRT輕快鐵至Masjid Jamek站，出站步行即達

這裡是最早華人南來採礦上岸的地點，具有歷史意義。2011年馬來西亞政府打造「生命之河」計畫，不但讓這裡變得乾淨，還有世界十大最佳河岸的美稱，晚上許多年輕人會來這裡散步拍照，河岸旁還有嘉美克清真寺、蘇丹阿都沙末樓等必打卡點，是很棒的夜間散步路線，可以很好的體驗吉隆坡的夜晚。

1.嘉美克清真寺是吉隆坡最早的清真寺／**2**.晚上生命之河的藍色燈光一打上後，這一區就成為年輕人散步的好地點

經歷再生的文創基地

REXKL

80, Jalan Sultan, City Centre, 50000 Kuala Lumpur +6011-26004808 08:00～22:00 免費參觀 搭乘MRT至Pasar Seni站，出站後步行約10分鐘即達 MAP P.169

這裡最早是吉隆坡的老戲院REX Cinema，位在茨廠街區裡，後來經歷一場大火，被改建成背包客旅館，又再度遭遇火災，爾後乏人問津。2019年一群文創企業家與建築師將此地打造成社區文創基地，內部空間保留過去老戲院的樣貌，書櫃與曾遭遇祝融之災的牆面形成強烈對比。樓下是餐飲區，樓上是Bookxcess書店。

▲原為老戲院的REXKL書店位在熱鬧的茨廠街一帶

▲入內後可以感受出原本劇院的空間感，被火燒過的牆壁頗有夜半歌聲的感覺，搭配各種外文書籍，是個很吸引人的空間

在旋轉餐廳吃美食配吉隆坡市景

吉隆坡塔(Menara Kuala Lumpur / KL Tower)

Jalan Punchak, Off Jalan P.Ramlee, Kuala Lumpur +603-20205499 09:00～22:00 電梯+觀景台：非馬來西亞公民票價80RM 搭乘綠線LRT至Raja Chulan站下車步行10分鐘，或搭乘觀光巴士至第2站下車 www.kltower.com.my MAP P.169

吉隆坡塔(又稱天空塔)，位在吉隆坡的咖啡山上(Bukit Nanas)，在1996年開幕。吉隆坡塔底部有馬來餐廳、通訊博物館、迷你動物園、珊瑚館、F1賽車遊戲廳和動感電影院。如果想看漂亮的高空景致需至高300公尺的露天觀光廳，成人票價是105RM，僅對13歲以上旅客開放。上面也有旋轉餐廳，是欣賞吉隆坡景色的絕佳地點。

▲KL TOWER購票處

▲吉隆坡塔

老少咸宜的自然天地

鳥園與蘭花園(Bird Park & Orchid Garden)

920, Jalan Cenderawasih, Taman Tasik Perdana 50480, Kuala Lumpur +603-22721010 09:00～18:00 成人票75RM，孩童票50RM 搭乘觀光巴士在第15站下車 www.klbirdpark.com MAP P.169

吉隆坡鳥園，是全世界少有的蓋頂飛禽公園。1991年成立後，就是適合闔家大小一同前往的好去處。裡面棲息的鳥類，都被安排生活在仿照牠們自然棲息地的環境中。全部有超過200種以上的國內外品種，在園內規畫好的四個區域依種類自由飛行。

在鳥園的對面小山坡上有座蘭花園，在非假日時可免費進入參觀，裡面有許多蘭花品種及熱帶植物，也可以從這裡遠眺雙峰塔及吉隆坡塔。

▲鳥園售票處

▲蘭花園平日很清幽，有許多蘭花與熱帶植物

吉隆坡最大的印度社群

十五碑小印度區 (Brickield)

✉ Brickfield, 50470 Kuala Lumpur ⏲ 全日 ➡ 搭乘Monorail至Tun Sambanthan站，即抵達Jalan Sambanthan；搭乘KTM、LRT、MRT至KL Sentral站，步行約10分鐘即達；搭乘免費巴士GO KL至KL Sentral站，步行約10分鐘即達；搭乘觀光巴士Hop-On Hop-Off至第15站，即抵達小印度區

早期是河運上岸之處，由此步行到吉隆坡市區剛好是第十五英里之處，象徵進入到吉隆坡市區的範圍，中文名稱由此而來。目前是吉隆坡市區印度社群最大的集散地，來到這裡簡直像是來到了南印度旅行的感覺，食物、服飾、神廟，多元繽紛。喜歡印度文化又卻步去印度的朋友，一定要來這裡暖身體驗一下。

▲來到十五碑映入眼簾的街景

可拍照清真寺的所在地

太子城 (Putra Jaya)

✉ Jabatan Kemajuan Islam Malaysia(JAKIM), Pusat Pentadbiran Kerajaan, Presint 1, 62502 Persekutuan, Wilayah Persekutuan Putrajaya ⏲ 週六～四09:00～12:00，14:00～16:00，17:30～18:00；週五15:00～16:00，17:30～18:00 $ 免費 ➡ 自KL Sentral搭KLIA Transit至Putrajaya站下車，轉搭100、101、102、502公車，車程約15分鐘，票價1RM

▲粉紅清真寺相當吸睛

太子城(Putra Jaya，又稱布城)是距離吉隆坡約25公里的一座新的直轄區，是距離KLIA機場最近的一個景點。這裡有首相府、粉紅清真寺及布特拉湖，其中又以粉紅清真寺最為知名。這座清真寺是馬來西亞境內唯一可以進入祈禱大廳拍照的清真寺，此外建築本身是仿摩洛哥的哈桑清真寺(King Hassan Mosque)所蓋，清真寺內空間很寬敞，最多可以容納15,000名信徒。

檳城

Penang

充滿文藝氣息的東方之珠

造訪馬來西亞時，檳城一直都是不會讓人錯過的城市。在時間有限之下，有人可能會捨棄吉隆坡，但絕不會錯過檳城。這是一座華人傳統社會氛圍濃厚的懷舊城市，值得細膩探索。隨意坐在喬治市的老街坊，來碗紅豆煎蕊冰，看著慢速步調的檳城生活，的確有在南國度假的適意感。

行程建議

檳城分成兩個部分：喬治市與威省，如果要看比較完整的檳城風光則需要四到五天，如果喜歡文青散步路線，那麼三天兩夜的喬治市之旅能夠讓你驚喜連連。另外，威省的景點彼此間距離頗遠，不適合以步行的方式觀光，因此本書僅提供喬治市市區地圖供讀者參考。

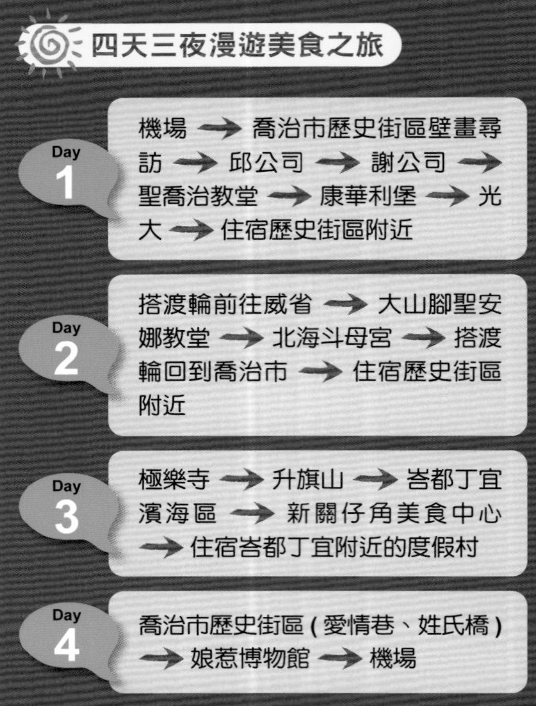

四天三夜漫遊美食之旅

Day 1 機場 → 喬治市歷史街區壁畫尋訪 → 邱公司 → 謝公司 → 聖喬治教堂 → 康華利堡 → 光大 → 住宿歷史街區附近

Day 2 搭渡輪前往威省 → 大山腳聖安娜教堂 → 北海斗母宮 → 搭渡輪回到喬治市 → 住宿歷史街區附近

Day 3 極樂寺 → 升旗山 → 峇都丁宜濱海區 → 新關仔角美食中心 → 住宿峇都丁宜附近的度假村

Day 4 喬治市歷史街區（愛情巷、姓氏橋）→ 娘惹博物館 → 機場

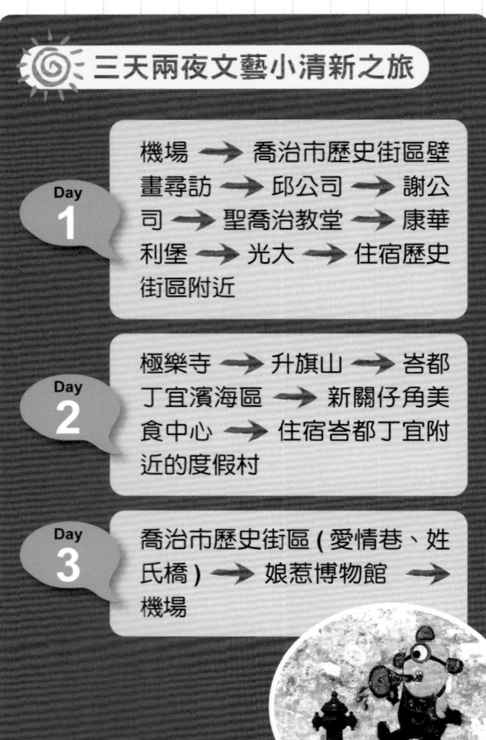

三天兩夜文藝小清新之旅

Day 1 機場 → 喬治市歷史街區壁畫尋訪 → 邱公司 → 謝公司 → 聖喬治教堂 → 康華利堡 → 光大 → 住宿歷史街區附近

Day 2 極樂寺 → 升旗山 → 峇都丁宜濱海區 → 新關仔角美食中心 → 住宿峇都丁宜附近的度假村

Day 3 喬治市歷史街區（愛情巷、姓氏橋）→ 娘惹博物館 → 機場

喬治市市區地圖
聖喬治教堂
St.George's Church
黃金博物館
PG Gold Museum
康華利堡
Fort Cornwallis
舊關仔角
Esplanade
檳城博物館
Penanag State Museum
Lebuh Farquhar 華蓋街
Lebuh Light 萊特街
復古之家
Vintage House
愛情巷
Love Lane
紅色小屋旅店
Red Inn Cabana
Love Lane愛情巷
Jalan Masjid Kapitan Keling 椰腳街
觀音亭
Goddess fo Mercy Temple
Lebuh Muntri 南華醫院街
升旗山
Penang Hill
Lebuh King 大伯公街
Lebuh Penang 唐人街
Lebuh Union 玻理後
漆木街
Lebuh Bishop
Lebuh Downing 大人關
義興街
Lebuh Gereja
Lebuh Chulia 牛干冬
斯里馬哈馬里安曼廟
Sri Mahamariamman Temple
Lebuh Queen 皇后街
檳城娘惹(僑生)博物館
Pinang Peranakan Mansion
Lebuh Pasar 吉寧仔街
大街路頭
Gat Lebuh China
Lebuh Campbell 新街
Lebuh Cintra 日本橫街
Jalan Pintal Tali 拍索巷
Lebuh Pitt
小印度區
Lebuh Pantai 土庫街
Lebuh Buckingham 新街頭
椰腳街(甲必丹)清真寺
Kapitan Keling Mosque
Victoria海墘新街
新海墘路(船頭)
Lin. Burma 車水街
吉田仔街
Lebuh Ah Quee 阿貴街
邱公司
Gat Lebuh Chulia 柴路頭
中街
巴士總站
Bus Terminal
Lebuh Kimberley 汕頭街
Lebuh Cannon
Lebuh Armenian 打銅仔街
謝公司
Lebuh
Jalan Pangkalan Weld
計程車總站
Taxi Terminal
輪渡總站
Ferry Terminal
孫中山檳城基地
Lorong Carnarvon 甘榜內
Lorong Toh Aka 打鐵街巷仔
Lebuh Acheh 打石街
緞羅申街
Gat Lebuh Armenian 木頭公巷路頭
Lebuh Carnarvon
Lebuh Melayu
姓王橋
姓林橋
極樂寺
KEK LOK SI
光大
Komtar
Jalan Ria
Lebuh Lintang 林蔭路
打石街(百年)清真寺
Acheh st. Mosque
Lorong Ikan 鹹魚仔巷
社尾街
牛後巷
打鐵街
姓氏橋
姓周橋
姓陳橋
姓李橋
巴士總站
Bus Terminal
Lebuh Victoria 海墘新街
Jalan Pangkalan Weld 新海墘路
姓楊橋
檳威大橋
Penang Bridge

海上人家的質樸小村

姓氏橋

✉ Pengkalan Weld, 10300 Penang 🕒 全天 $ 免費 ➡ 由檳城市區乘坐免費巴士CAT到Ferry Terminal 巴士總站下車步行2分鐘即達 MAP P.177

姓氏橋是檳城喬治市最著名的景點，保有過去華人下南洋到了檳城，以海為生，搭起一座座用樁柱支撐的海上房屋，並鋪上木板走道作為鄰居之間走動的橋樑，是感受華人移民歷史不可錯過的地點。姓氏橋中以姓周橋最大，排列的房屋有500公尺長左右，沿途有販售紀念品及冷飲的小店家，也有一些民家提供住宿。電影《初戀紅豆冰》就是在此拍攝的。附近另有姓林橋、姓陳橋等，但規模較小。

▲規模較小的姓林橋

▲姓周橋最多觀光客，沿路有許多紀念品店家

▲非常有味道的姓周橋

此公司非彼公司

世德堂謝公司

✉ 8 Lebuh Armenian, Georgetown, 10300 George Town, Penang ☎ +604-2613837 🕒 09:30～16:30 $ 10RM ➡ 由Ferry Terminal 巴士總站過馬路步行數分鐘至Armenian Street本頭公巷即可到達 http cheahkongsi.com MAP P.177

這是明朝南下的謝氏家族的祠堂，也是檳城五大福建姓氏之一，謝公司就是謝氏祠堂的意思，建築本身是中國式但屋頂有英式的獅子頭。祠堂於1873年完工，1930年修復期間，曾經發現過許多清末革命時的文物，代表這裡曾是海外革命的基地之一。

離謝公司不遠還有一個龍山堂邱公司，同樣需要購票(10RM)參觀，周潤發主演的電影《安娜與國王》曾在此拍攝。

▲邱公司曾是安娜與國王拍攝地

▲需套上鞋套才能上樓參觀

▲謝公司全景

檳城最古老的英國聖公會教堂

聖喬治教堂(St. George's Church)

Jalan Lebuh Farguhar, 10200 Penang 週日10:00～12:00 免費 搭乘免費巴士第16站下車，或觀光巴士市區路線第11站下車 stgeorges.connor.anglican.org P.177

聖喬治教堂是檳城最古老的英國聖公會教堂，建於1818年。純白色的建築及對稱的圓柱，給人平衡又沉穩的感覺。

▲聖喬治教堂全景

蘊含豐富的檳城歷史

康華利堡(Fort Cornwallis)

Jalan Tun Syed Sheh Barakbah, 10200 George Town, Penang +604-2643494或2634941 09:00～19:00 20RM 搭乘免費巴士第18站下車，或觀光巴士市區路線第10站下車 P.177

康華利堡是18世紀末期，英國東印度公司的萊特上校登陸檳城的地方，並用當時的印度總督的名字來命名。這是一座防禦性的城堡，因此遠遠就可以看見炮台。大砲是由荷蘭人所建，發射的方向是指向馬六甲，炮台下有座火藥庫，現在作為講述檳城歷史的小型博物館。城堡與濱海大道(Esplanade)，與維多利亞紀念鐘樓毗鄰(Victoria Memorial Clock)。

遠眺檳城全景的絕佳位置

升旗山(Penang Hill)

Jalan Stesen Bukit Bendera, Ayer Itam, 11500 Penang +604-8288880 06:30～23:00 成人票一般通道30RM，快速通道60RM 搭乘觀光巴士市區路線於第3站下車；或在市區光大搭乘204號公車，車程約30分鐘，下車即到目的地 www.penanghill.gov.my P.177

升旗山是全年無休欣賞檳城景致的絕佳地點，海拔830公尺處是檳城的最高點。這裡擁有全亞洲最早由瑞士引進的纜車系統，在英國殖民時期是官員的別墅，因過去士兵用旗語傳遞重要訊息而得名。現在除了欣賞夜景之外，還有一間愛情鎖的觀景台、印度廟及餐廳。

▲升旗山購票入口

▲入口處

◀康華利堡外觀

融合中、泰、緬風格的佛教建築

極樂寺(KEK LOK SI)

✉ No. 1, Tokong Kek Lok Si, 11500, George Town, Penang ☎ +604-8283317 ⏲ 09:00～18:00(纜車服務時間08:30～17:30) $ 入廟參觀免費，搭纜車參觀大觀音聖像單程票價是3RM，來回6RM ➡ 搭乘觀光巴士市區路線於第4站下車；或搭計程車從市區出發約10～15RM MAP P.177

極樂寺融合了中國、泰國及緬甸3種不同的佛教建築特色，建於1893年，是由張弼士等5位檳城富商集資興建，目前仍不斷擴建當中。極樂寺的萬佛塔形狀類似雷峰塔，塔頂為緬甸式、塔身為泰國式，底座為中國式。目前仍在興建觀音聖像，是相當大型的室外觀音像，可購票搭乘電梯式纜車前往參觀。

豆知識

南僑機工紀念碑在紀念誰？

南僑機工是指中日八年抗戰期間，大約有3,000多人自願從南洋參加「南洋華僑回國機工服務團」，保障滇緬公路的運輸工作。戰爭期間，滇緬公路是運送物資至中國的重要管道，約有三分之一的卡車司機均為南洋華僑擔任，有1,000多人失去生命。

◀前往極樂寺的路上可以看到檳城南洋機工紀念碑

◀極樂寺全景

▲從極樂寺最高處俯瞰檳城喬治市景色

中西合璧土生華人的流金歲月

僑生博物館(娘惹博物館，Pinang Peranakan Mansion)

✉ 29, Church Street Georgetown 10200 Pulau Penang ☎ 606-2831273 ⏲ 09:30～17:00 $ 成人票25RM ➡ 由Ferry Terminal巴士總站過馬路，步行約10～15分鐘至Church Street即達 http www.melakamalaysiatravel.com MAP P.177

峇峇娘惹在家庭中保留了大部分的華人特質，傳統儒家思想中的「長幼有序」、「慎終追遠」、「男主外女主內」等，與中國大同小異，甚至很多細節比中國華人還更傳統。這座娘惹博物館原先是清末富商鄭景貴的宅邸，他對當地開發有功，因此封為「甲必丹」，館內展覽超過1,000件文物，從珠繡手工鞋到相親椅等家具，都深具巧思，令人讚嘆。此外，這裡也是新加坡相當出名的連續劇＜小娘惹＞的拍攝場景之一。

▲常出現在電影裡的博物館門口

威省北海最大的道教廟宇

斗母宮(Tow Boo Kong)

▲晚上的斗母宮看起來氣派非凡

Lot 894 & 896, MK14, Jalan Raja Uda,12300 Butterworth, Penang +604-3318717 07:00～21:00 免費 從威省碼頭的巴士站，搭604號公車在Lucky Park, Jalan Mong Yi How站下車，使用google地圖依循方向步行10分鐘到達 www.towbookong.org.my

這是威省北海最大的道教廟宇，農曆九月初九的九皇大帝誕辰、農曆春節的新春夜市、中秋節的中秋晚會，這些都是參觀斗母宮的最佳時期。

一次感受多重異國氛圍

聖安娜教堂(St. Anne Church)

Jalan Kulim, Bukit Mertajam, Penang +604-5386405 全天 免費 建議自駕，使用google地圖依循方向。若要搭乘大眾交通工具，可在威省碼頭的巴士總站搭乘709號公車，上車時請司機幫忙提醒下車 www.stennebm.org

位於檳城(威省大山腳區)的聖安娜教堂(St. Anne Church)建於1888年，是馬來西亞很出名的教堂。聖安娜是聖母瑪麗亞的媽媽，也就是耶穌基督的外婆。每年7月底是慶祝聖安娜生日的大日子，來自馬來西亞四面八方的印度基督徒都會來這裡集會，並點上長長的蠟燭祈禱紀念，因此教堂外面會看到都是印度人設立的小攤子，與教堂形成一種很特殊的宗教氛圍。

▲(左)聖安娜教堂全景，(右)7月底的慶典所使用的大蠟燭

威省居民的信仰中心

玄天廟(Hock Teik Cheng Sin Temple)

Jalan Pasar, 14000 Bukit Mertajam, Penang 06:00～20:00 免費 建議自駕，使用google地圖依循方向。若要搭乘大眾交通工具，可搭乘巴士606、701、702、709、802，上車時請司機幫忙提醒下車

玄天廟位於威省大山腳市中心，建于光緒十二年(1886年)。玄天廟內供奉如玄天帝爺、潭公爺及伯公金身等，常年香火鼎盛。玄天廟是當地商家和居民的信仰中心，在當地經商的先賢都相信是因為玄天廟的庇祐，才會生意興隆。廟旁就是傳統的店屋與小攤。

▲玄天廟前就是路邊攤小吃，富有傳統味的日常生活景象

豆知識

檳威大橋

MAP P.177

是連接喬治市與威斯利省(威省)的橋，於1985年通車使用，全長13.5公里，是往來檳城主要城市的重要道路，上下班及尖峰時間會堵車。

馬六甲
Melaka

文化與歷史的浪漫小城

馬六甲與檳城喬治市同在2008年入選世界遺產城市，不同於檳城的地方是在於馬六甲更加的小而美，小而巧。濃縮的娘惹風情、美食，還有大航海時代留下的殖民建築，這些都是馬六甲最具看頭之處。旅客可以在這裡感受到馬來西亞幾百年來承襲荷蘭、英國及華人移民社會的多樣風采。

行程建議

馬六甲是小巧迷人的歷史遺產城市，通常會與吉隆坡搭配在一起做為五天四夜馬來西亞旅行的規畫，從吉隆坡出發至馬六甲可當天來回，如時間許可，建議住宿一晚感受更多娘惹及歷史文化風情。

多元文化與美食兩天一夜之旅

Day 1 馬六甲巴士總站 → 荷蘭紅屋區 → 聖地牙哥城堡 → 聖保羅教堂 → 沙嗲朱律（晚餐）→ 又見馬六甲 → 住宿娘惹風格民宿

Day 2 馬六甲河遊船 → 空中花園餐廳 → 娘惹博物館 → 地理學家咖啡館 → 馬六甲巴士總站

馬六甲經典一日遊

Day 1 馬六甲巴士總站 → 荷蘭紅屋區 → 聖地牙哥古城牆 → 聖保羅教堂 → 海南雞飯粒 → 雞場街與得益啡下午茶 → 娘惹博物館 → 馬六甲巴士總站

歷經葡、荷、英殖民時期的城牆

聖地牙哥古城牆 (A'Famosa)

✉ A Famosa, Jalan Parameswara, 78000 Alor Gajah, Melaka 🕒 全天 $ 免費 ➡ 步行經過荷蘭紅屋區，順著斜坡往上爬，步行約10分鐘可到達 MAP P.183

16世紀初期由葡萄牙人Alfonso D' Albuquerque所建，初期是作為葡萄牙人占領馬六甲的城堡，17世紀時這裡被荷蘭人侵略，並砲轟城堡，只剩一小部分要塞。後來荷蘭人重新安置部分砲台，並修復其中一部分城牆，在上面刻上「VOC(荷蘭東印度公司)」標誌。18世紀英國人接管馬六甲之後，只留下現在這座聖地牙哥古城門。

▲有斑駁歷史痕跡的古城牆

馬六甲市區地圖

馬六甲遺產精品瑞士酒店
SWISS HOTEL Heritage Boutique Melaka
海岸天空塔與空中花園餐廳
The Shore Sky Tower&The Sky Deli Restaurant
Jalan Hang Jebat 雞場街
峇峇娘惹博物館
Baba & Nyonya Heritage Museum
地理學家咖啡館
得益啡
福建會館
Lorong Hang Jebat
三寶廟與漢麗寶公主井
Sam Po Keng Temple
迦南地咖啡藝術館(十三州咖啡)
Jalan Laksamana
Jalan Temenggong
Jalan Hang Kasturi
基督教堂
Christ Church
聖保羅教堂
St. Paul's Church
荷蘭紅屋區
The Stadhuys Complex
馬六甲遊船碼頭
又見馬六甲
海洋博物館
遊客中心
聖地牙哥古城牆
A'Famosa
馬六甲賓都飯店
Hotel Equatorial Melaka
英雄廣場
Dataran Pahlawan
Jalan Parameswara
馬六甲帝國酒店
The Imperial Heritage Hotel Melaka
Jalan Merdeka
海峽清真寺
Masjid Selat Melaka

見證荷蘭殖民歷史

荷蘭紅屋區 (The Stadhuys Complex)

The Stadhuys, Jalan Gereja, 75000 Melaka +606-2841934 廣場：全天開放；博物館：週二～四、六09:00～17:30，週五09:00～12:15、14:45～17:30，週一閉館 廣場部分免費，進入博物館參觀：成人票12RM，孩童票6RM 馬六甲巴士總站搭乘17號公車即可到達 www.perzim.gov.my/en MAP P.183

馬六甲地標建築就是17世紀荷蘭殖民時留下來的總督府，橙紅色的建築令人印象深刻。現在這裡已經成為馬六甲歷史博物館、人種博物館及文學博物館。旁邊的荷蘭基督教堂(Christ Church Melaka)是荷蘭於18世紀時為紀念統治馬六甲100周年所建，維多利亞噴泉(Queen Victoria's Fountain)則是於20世紀初期英女皇維多利亞登基60周年時所建。

▲維多利亞女王噴泉

▲荷蘭紅屋區全景

從另一個角度看馬六甲

馬六甲河遊船 (Melaka River Cruise)

Jalan Laksamana, 75000 Malaka +606-2814322 09:00～23:00 非馬來西亞公民：成人票30RM，孩童票25RM 雞場街過橋後，沿著馬六甲河步行數分鐘可到達碼頭 melakarivercruise.com MAP P.183

白天或晚上都相當適合的遊船行程，可以在船上欣賞馬六甲河沿岸的世界遺產城市風光，是許多人非常推薦的行程。碼頭旁的木造船隻是馬來西亞海軍博物館。

1.搭乘遊船竟看見沿途中出現寫著「桃園」的壁畫，十分有趣／**2**.海軍博物館／**3**.馬六甲河風光

歐洲人在東南亞所建的最古老教堂

聖保羅教堂 (St. Paul's Church)

St. Paul's Church 全天 免費 步行經過荷蘭紅屋區，順著斜坡往上爬，步行約10分鐘可到達 MAP P.183

由葡萄牙人Duarte Coelho 於16世紀初期所建，著名的葡萄牙傳教士聖方濟San Francesco就埋葬於此，這裡也是歐洲人在東南亞所建造的最古老的教堂。教堂門口有聖方濟缺了右手的雕像，相傳是荷蘭人於17世紀占領這裡後，改建成防禦性城堡，將聖方濟的屍骨挖出並斷其右手，結果血流如注，荷蘭人便為他立雕像。從這裡俯瞰馬六甲市景非常美麗。

▲從教堂俯瞰馬六甲景色

▲教堂前的聖方濟白色雕像

馬六甲制高點俯瞰全市景

海岸天空塔與空中花園餐廳 (The Shore Sky Tower&The Sky Deli Restaurant)

The Shore, Kampung Bunga Paya Pantai, 75100 Melaka +606-2883833 12:00～22:00 空中花園景觀平台：成人票平日25RM，週末35RM 自雞場街過出發步行15分鐘，搭乘Grab車程5分鐘 http melakarivercruise.com MAP P.183

這個海岸天空塔與空中花園餐廳應該算是馬六甲最高的地方，建築本身有4棟，9樓以下是購物中心和停車場，9樓以上有餐廳、飯店和住家。空中花園餐廳位在第一棟樓(Tower 1)的第42層樓，購票處也在42樓。會先經過一段透明玻璃的樓梯，往上走到達頂樓，這裡可以俯瞰全馬六甲的市景，風景非常漂亮。

▲走在透明的樓梯俯瞰馬六甲景觀

▼空中花園餐廳是燈光美氣氛佳的用餐地點

見證一帶一路的地標景點

海峽清真寺 (Masjid Selat Melaka)

⊠ Jalan Pulau Melaka 8, Taman Pulau Melaka, 75000 Melaka ☎ +606-2859770 ⏲ 09:00～17:00(禱告時間除外) $ 免費 ➡ 可由馬六甲公車總站或荷蘭紅屋區搭GRAB前往，車程約20分鐘 MAP P.183

馬六甲清真寺是修建在人工填海的土地上，漲潮的時候，清真寺在海上的倒影十分美麗，這裡是過去千百年來兵家必爭之地，如今的馬六甲正在興建皇京港，展露出欲與新加坡一爭長短的氣勢。從這裡憑眺遙想海上年代，發思古之幽情。

1.這裡是近兩年來馬六甲的熱門拍照打卡景點／2.朗朗晴空下的海峽清真寺有遺世獨立的美感

在馬來西亞與明朝約會

三寶廟與漢麗寶公主井 (Sam Po Keng Temple)

⊠ Jalan Puteri Hang Li Poh, Bukit Cina, 75100 Melaka ⏲ 07:00～19:00 $ 免費 ➡ 可由馬六甲公車總站或荷蘭紅屋區搭GRAB前往，車程約10分鐘 MAP P.183

三寶廟又稱「寶山亭」，鄭和下西洋帶來大量的華人移民，影響了馬六甲的開發史，在這座廟的上方是三寶山，是早期為華人而建立的義山。因為鄭和下西洋對馬六甲有相當大的影響，所以在這裡人們會將鄭和當作神明來祭祀。據說當初這裡欠缺淡水，鄭和的船隊懂得挖井技術，改善了當地的用水問題。而在三寶井旁邊則有一個漢麗寶公主井，據說這位公主是明朝嫁與馬六甲王朝蘇丹的漢女，建立兩國友好關係，這口井也是當初公主的隨從為她而挖的專用井水。

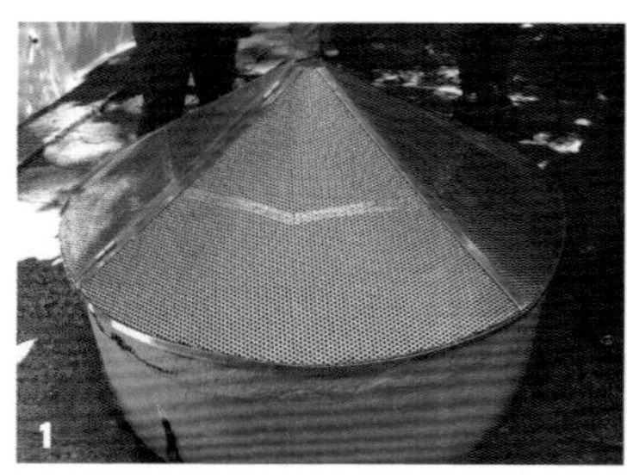

1.三寶井常被眾人包圍著／2.馬來西亞華人很熟悉，但台灣人不熟悉的漢麗寶公主井／3.在三寶廟外面有一座抗日紀念碑，民國史與明史還有南洋開發交錯，是馬六甲古城的多元歷史面貌

怡保

Ipoh

傳統華人美食匯集區

怡保是最早華人來到馬來半島開錫礦的地點，因此這裡除了有濃濃的歷史感之外，也有來自中國原鄉各地帶入的傳統華人美食，與當地融合成屬於怡保的好滋味。

行程建議

多年來這裡一直是吉隆坡近郊首選的1日遊好地點，也可以自駕或包車從吉隆坡一路北上玩到檳城。

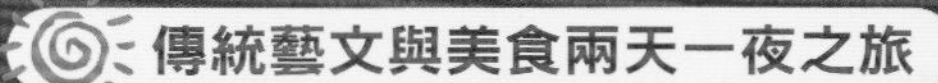

Day 1　吉隆坡出發 → 務邊文物館 → 凱利古堡 → 怡保火車站 → 二奶巷 → 住宿怡保

Day 2　怡保舊街場 → 閒真別墅 → 返回吉隆坡

怡保經典一日遊

Day 1　吉隆坡出發 → 凱利古堡 → 怡保舊街場 → 怡保火車站 → 怡保新街場 → 返回吉隆坡

走訪務邊古蹟精華帶

務邊文物館 (Gopeng Antique Kopitiam)

▲館內展示的懷舊物品

⊠ 47-49, Jln Eu Kong, Pekan Gopeng, 31600 Gopeng, Negeri Perak ☎ +019-5569469 ⏲ 09:00～17:00(週三、四休息) $ 免費 ➡ 建議租車或包車前往 MAP P.188

從吉隆坡前往怡保的路上，會先經過霹靂州的金寶，這裡的務邊小鎮，過去也是錫礦開採的地方，曾經熱鬧一時，礦業沒落之後，務邊小鎮開始重視社區整體營造，老房子與文物在有心人士的奔走下，漸漸呈現出新樣貌。這間務邊文物館便是保存了老房子，營造出復古風貌的餐廳，與旁邊的懷古樓及文物館，形成一個務邊古蹟的精華帶。

▲文物館大門

怡保市區地圖

舊街場
舊街場三幅壁畫
(老人與怡保舊街場咖啡壁畫、咖啡屋越喝越少壁畫、紙飛機兄弟壁畫)
怡保火車站與怡保樹
Ipoh Railway Station & Ipoh Tree
Jalan Tun Sambanthan
Jalan Panglima
閒真別墅
天津茶餐室
Jalan Lahat
Jalan Sultan Iskandar
Concubien Lane
二奶巷
Concubine Lnne
近打河 Kinta River
新街場
Jalan Theatre
Jalan DATO Tahwil Azar
Jalan Raja Ekram
糖水街
奇峰豆腐花
Jalan Yau Tet Shin
老黃／安記芽菜雞河粉
鴨仔燈涼茶
Jalan Sultan Ekram
Jalan Bandar Timah
Jalan Bijeh Timah
Jalan Sultan Iskandar
壁畫巷
Mural Art's Lane
新源隆茶餐室
南香茶餐室
凱利古堡
Kellie's Castle
務邊文物館

令人讚嘆的怡保泰姬陵

怡保火車站與怡保樹 (Ipoh Railway Station & Ipoh Tree)

✉ Jalan Panglima Bukit Gantang wahab 3000 Ipoh, Perak
☎ +605-2540481 ⏲ 全天 $ 免費 ➡ 建議租車前往或搭乘KTM火車(ETS)至怡保火車站下車 MAP P.188

怡保火車站建於1917年，是繼吉隆坡KLCC火車站之後，大馬又一座具有英式殖民風格的美麗白色建築，興建之初是用於象徵這座城市因錫礦致富的榮景。火車站的建築風格散發著令人嘆息的典雅氛圍，其圓形屋頂及拱門有印度蒙兀兒王朝的設計風格，因此怡保火車站也被許多人暱稱為「The Taj Mahal of Ipoh」(怡保的泰姬陵)。

火車站外可以看見目前在怡保僅存3棵之一的「怡保樹」，早期這裡的土著會以樹上的毒液用作毒箭，整座城市因而得名。而在站前的廣場及火車站對面，同為白色復古殖民風格建築的市政廳，以及站旁怡保最大的郵局，都是值得駐足拍照的地方。

4

5

1

2

3

充滿傳奇性的熱門IG打卡點

凱利古堡 (Kellie's Castle)

✉ Jalan Gopeng ,Batu Gajah,31000,Batu Gajah,Perak ☎ +605-3651336 ⏲ 09:00～17:00 $ 成人票10RM ➡ 建議租車或包車前往 MAP P.188

凱利古堡是一座歐式風格的莊園，城堡的主人是上個世紀初到馬來西亞怡保的蘇格蘭富商，威廉·凱利·史密斯(William Kellie Smith)，不過城堡還沒完工，威廉主人就因病去世了。隨著主人去世及未完工的空堡，外加城堡中還有許多地下通道通往各個不同的祕室，也增加了城堡的傳奇性，所以早期這裡是馬來西亞著名的十大鬼屋之一。

這棟建築多年前被當地政府收回管理，目前維護地相當完善，鬼魅之氣已經消失。城堡在近打河畔的橡膠園小丘上，占地廣闊，在怡保市郊留下了別具一格的歐式建築。目前是熱門的IG打卡點以及婚紗拍攝場地。

1.凱利古堡的外觀／2.內部只有這一間設有家具，還原當時的樣貌，其他的房間都是空的／3.帶點破敗美感的未完成牆樓

欣賞立陶宛畫家恩尼斯作品

舊街場三幅壁畫

✉ Jalan Tun Sambanthan ,Ipoh, Perak ⏲ 全天 $ 免費 ➡ 建議租車或包車前往 MAP P.188

在舊街場有3幅立陶宛畫家恩尼斯的壁畫，與他在檳城的壁畫不同之處是：怡保舊街場的幾幅壁畫都很接近，並且旁邊都有一個銅鐵製的牌子，寫上壁畫的名稱和介紹。其實她一共畫了8幅，但<老人與舊街場白咖啡>、<越喝越少的咖啡烏>及<紙飛機兄弟>都在怡保大草場店屋一帶，可以就近一次欣賞完畢。如果對壁畫有興趣，還可以到新街廠的Mural's Art's Lane，繼續收集更多怡保壁畫。

▲咖啡烏越喝越少

▲老人與舊街場白咖啡

▲紙飛機兄弟

亞庇
Kota Kinabalu

東馬旅遊首選

亞庇是東馬沙巴州的首府城市，小巧卻蘊藏馬來西亞許多精華面貌。如果喜歡戶外活動，可以從沙巴前往海島國家公園或其他知名島嶼潛水。喜歡人文風情的話，僅在亞庇市區或近郊，便能感受到英國殖民時代遺留下來的文化，當然，沙巴美食也是不可錯過的。

行程建議

沙巴(Sabah)是許多台灣人選擇到東馬旅行的第一站，這裡山景、自然生態、原住民文化、海景與海上活動、美食等均相當豐富，值得規畫五日旅行單純享受沙巴的美好。

五天四夜生態與陽光美食之旅

Day 1 機場 → 艾京生鐘樓 → 可可山看夕陽 → 菲律賓市集 → 市區美食

Day 2 水上清真寺 → 沙巴大學景點拍照 → 丹絨亞茹海灘夕陽與大排檔

Day 3 前往 Jesselton Point 碼頭 → 購買船票及行程 → 前往東姑阿都拉曼海島公園 → Waterfront 小酌

Day 4 選項 1：紅樹林長鼻猴生態＋天空之鏡 (P.148)
選項 2：沙巴神山路線 (P.150)

Day 5 週日市集 → 機場

不可錯過的絕美水中倒影

水上清真寺 (Masjid Bandaraya Kota Kinabalu)

▲清真寺與水中倒影拍照最好看

✉ Jalan Pasir, Kampung Likas, Kota Kinabalu, Sabah ⏲ 週一～四、日08:00～17:00；週五08:00～11:00；週六09:00～11:00 $ 免費，租借頭巾及罩袍需5RM ➡ 旺旺山購物中心Wawasan Plaza前的巴士站搭乘5A號線，往UMS方向，或使用Grab前往 MAP P.192

亞庇市區的人工湖上建了這座水上清真寺，最多可以容納12,000人在裡面禱告。伊斯蘭建築重視對稱，所以除了尖塔與圓頂之外，水中倒影的上下對稱是欣賞建築最美的角度。

亞庇市區地圖

碼頭 Jesselton Point
水上清真寺
Lorong Satu
小義大利餐廳 Little Italy
曙光廣場購物中心 Suria Sabah
默迪卡購物中心 Wisma Merdeka
味雅雞飯
西加麥天橋夜市 Segama
中央市場
郵政總局 Post office
菲律賓市集 Filipino Market
菲律賓手工藝品市場 Filipino Market
河濱酒吧區 Waterfront
太平洋廣場 Centre Point Sabah
時代廣場 Imago Shopping Mall
佑記肉骨茶
加雅街週日市集
艾京生鐘樓 Atkinson Clock Tower
怡豐茶餐室
長途計程車站
長途巴士站
亞庇哥打京那巴魯菲沃2號酒店 Hotel Five 2 in Kota Kinabalu
瑞法勒旅館 Refarer Hostel
哥打京那巴魯城市快捷飯店 Cititel Express Kota Kinabalu Hotel
Jalan Haji Saman
Jalan Ewan
Jalan K.K Bypass
Jalan Segama 2
Jalan Tun Fuad Stephen
Jalan Segama
Jalan Pantai
Jalan Gaya
Jalan Bandaran
Jalan Bukit Bendera
Jalan Tugu
Jalan Tun Razak
Jalan Sembilan Belas
Jalan Sinsuran
Jalan Laiman Diki
Jalan Dua Puluh
Jalan Coastal

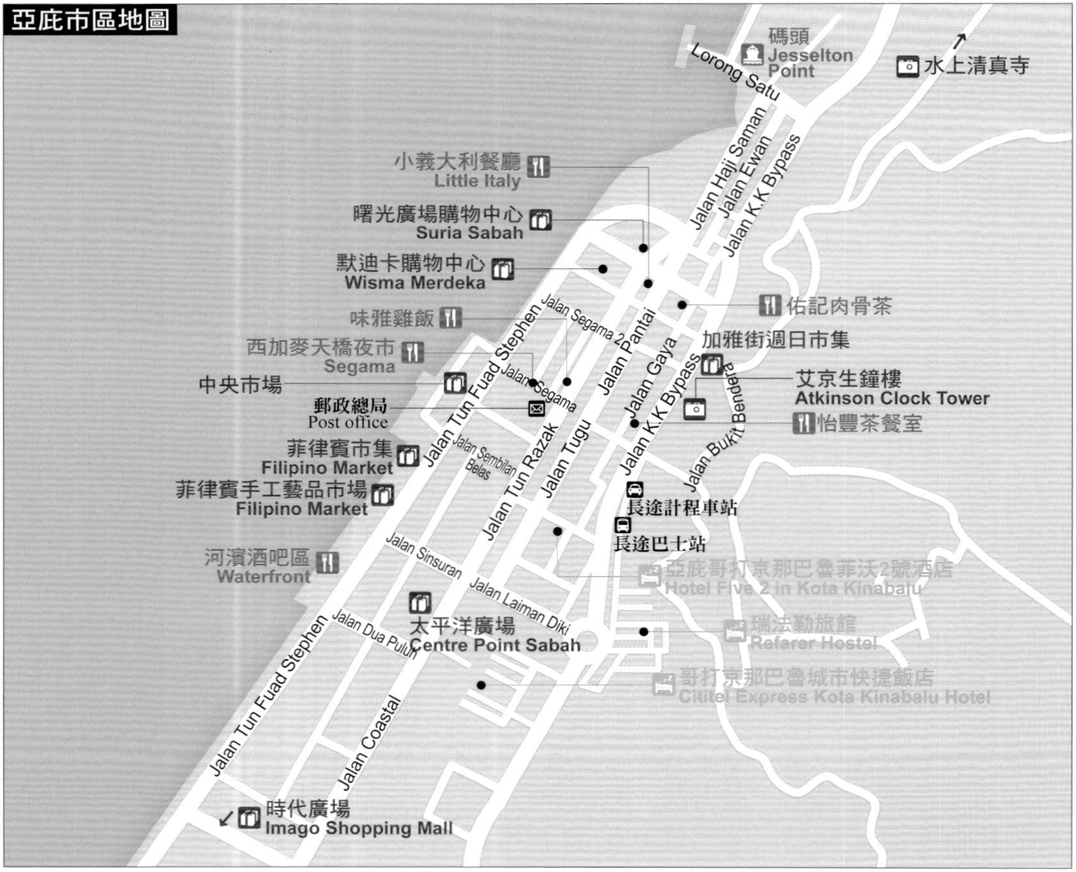

夕陽美景的絕佳去處

可可山 (Kokol Hill)

✉ Kota Kinabalu, Sabah ☎ +6016-8313220 ⏲ 10:00～19:00 $ 成人票25RM ➡建議由亞庇市區包車前往，車程約半小時。或購買旅遊平台1日遊行程

這裡是離亞庇市區不遠的小山丘，車子從平地一路往上開，沿途有網美打卡喜歡拍照的高空盪鞦韆拍照區，最推薦的是到山上之後的景觀咖啡館。如果遇到天氣好，金色的夕陽灑下山頭，非常地漂亮。

▲山頂看夕陽的咖啡館，低消只需10 RM

躲過戰爭轟炸的傳奇鐘樓

艾京生鐘樓 (Atkinson Clock Tower)

✉ Atkinson Clock Tower, Pusat Bandar Kota Kinabalu ⏲ 全天 $ 免費 ➡ 從Gaya Street 步行數分鐘可到達 MAP P.192

▲超過百年歷史的鐘樓

這座鐘樓是紀念過去在沙巴擔任縣長的Atkinson，他在20幾歲時就當上縣長，可惜染上瘧疾英年早逝。當地百姓及他的母親都很捨不得，所以他的母親瑪莉女士就為他建了一座鐘樓，每小時可以鐘響一次報時。這座鐘樓在二戰期間奇蹟似地躲過了轟炸，也為這座鐘樓更添上一筆傳奇色彩。

淘寶購物好去處

菲律賓市集 (Filipino Market)

✉ Jalan Sinsuran, 88000 Kota Kinabalu, Sabah ☎ +6088-241992 ⏲ 全天 $ 免費 ➡ 使用google地圖或本書地圖依循方向，在市區範圍步行約10～15分鐘可到達 MAP P.192

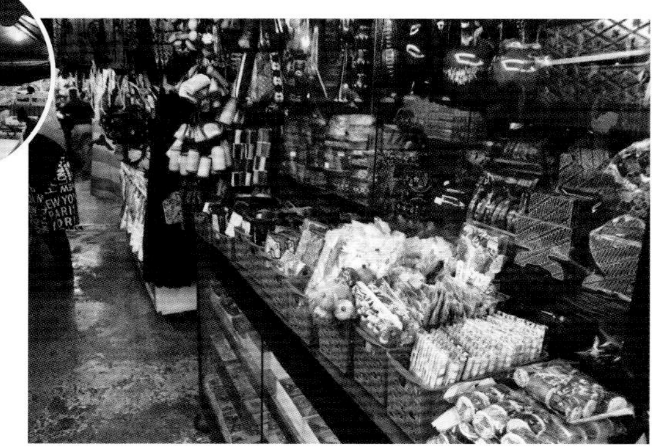

▲市集內的手工藝品攤位密集狹小

菲律賓市集分成四個區域：手工藝品、海鮮、食品雜貨、燒烤，從早到晚都很熱鬧。清晨3、4點時，會有很多菲律賓的漁船載貨來這裡批發買賣，中午左右，市集跟商店會陸陸續續開店。想要買亞庇各種土產，例如各種蝦餅、鹹魚、土著風情的編織品等，到這裡來必會有收穫。這裡還有一排專門替人修改衣服的店家，裁縫師清一色都是男生，這也算是菲律賓市集的一大特色吧！

隱藏的白沙海灘拍照點

沙巴大學打卡點(Kokol Hill)

✉ Kota Kinabalu, Sabah ☎ +6088-320000 ⏲ 08:30～04:30 $ 每人10RM(校外車輛進入校區須繳納的費用) ➡ 建議由亞庇市區包車前往，車程約15～20分鐘

沙巴大學占地非常廣闊，進入校區後可以先來到彩虹階梯拍照打卡，之後再驅車前往粉紅清真寺，然後再往校園另一處的校區開過去，就會看到漂亮的白沙海灘，這裡也是拍照的祕境景點。

▲彩虹階梯在鏡頭下頗為討喜

▲校園內的粉紅清真寺無論怎麼取景都很好看

▲顏色絕美的夕陽

享受十足的度假氛圍

丹絨亞茹海灘(Tanjung Aru)

⏲ 全天 $ 免費 ➡ 建議由亞庇市區搭乘Grab前往，車程約15～20分鐘

沙巴的海水很美，夕陽也很美，很多年前我憑藉著一張網路上找來的照片，到沙巴之後，跟計程車司機說要來照片上的地點，結果就到了有「First Beach」之稱的丹絨亞茹海灘。海岸線很長，旁邊有不少高級飯店與高爾夫俱樂部，到這裡喝杯新鮮的椰子汁，配上幾串沙嗲，看著夕陽落入海平面下，度假感十足。

享受度假小島風情

東姑阿都拉曼海島國家公園(Tunku Abdul Rahman Marine Park)

✉ unku Abdul Rahman Marine Park, Manukan Island, Kota Kinabalu ☎ +6088-211732 ⏲ 08:30～17:00 $ 搭船+上島費用35RM起跳 ➡ 在Jesselton Point購買船票或一日遊行程 http 購買船票：jesseltonpoint.com.my/schedule/

東姑阿都拉曼(Tuanku Abdul Rahman)是馬來西亞第一位首相，海島國家公園也以此命名。這座國家公園一共有五座小島，分別是：加雅島(Pulau Gaya)、沙庇島(Pulau Sapi)、馬奴干島(Pulau Manukan)、馬慕迪島(Pulau Mamutik)、蘇鹿島(Pulau Sulug)。其中馬奴干島是最大的島嶼，也是觀光客最多的一個。從沙巴亞庇市區到這個海島公園，要在市區的Jesselton Point碼頭買票，可以選擇一次玩五個島或是一個島、二個島都可以。售票中心除了販售各島之間的船票之外，一日遊、水上活動行程也都可在此比價選擇。

▲白沙、椰影的度假島嶼

※亞庇部分照片提供／Su Tsung-Chih

古晉

Kuching

古老的「世界之肺」

砂拉越是馬來西亞十三州當中，面積最廣大、最地廣人稀的一州，因為與印尼加里曼丹接壤，也身處在古老的「世界之肺」當中。生態環境的豐富與多元，使其成為許多喜好攝影與自然生態的旅客心嚮往之的旅遊勝地。

行程建議

古晉是東馬尚未被太多遊客踏足的小巧美麗城市。它擁有許多自然生態風光、多元文化與美食。如果來到這裡，別錯過可以親近紅毛猩猩與長鼻猴的機會，感受古老世界之肺的壯闊與吸取大量的芬多精。漫步在最適宜人住的城市，感受英殖民時期留下的歷史建築及河濱公園的浪漫。

古晉四天三夜馬印邊境之旅

Day 1 機場 → 搭船遊砂拉越河 → 漫步英殖民古蹟區 → 宿古晉

Day 2 婆羅洲高原 → 新堯灣夜市 → 宿古晉

Day 3 石隆門景區 → 砂南坡石迷公園 → 仙洞 → 宿古晉

Day 4 婆羅洲文化博物館 → 機場

六天五夜生態與國家公園芬多精之旅

Day 1 機場 → 驅車前往文丹漁村吃海鮮 → 達邁海濱區 → 宿達邁度假村

Day 2 砂拉越文化村 → 北市政府 → 貓博物館 → 北市河口馬來餐廳 → 搭船遊砂拉越河 → 宿古晉

Day 3 峇哥國家公園 → 返回古晉市區 → 小海南餐廳 → 漫步英殖民古蹟區 → 宿古晉

Day 4 婆羅洲高原 → 前往紅毛猩猩復育中心 → 比達友族長屋 → 宿古晉

Day 5 開心農場 → 石隆門景區 → 新堯灣夜市 → 宿古晉

Day 6 婆羅洲文化博物館 → 機場

砂拉越文化的精華地

舊砂拉越博物院 (Sarawak Museum)

✉ Jalan Tun Abang Haji Openg, 93566, Kuching ☎ +6082-244261 $ 免費 ➡ 使用google地圖或本書地圖依循方向，由河濱公園步行約10分鐘可到 MAP P.196

此建築為舊的砂拉越博物院，雖然其展覽功能已經被婆羅洲文化博物館(P.198)取代，但建築本身保有英殖民風格，仍是值得細看的古晉市景之一。

博物館後方還有一座公園，紀念在上個世紀，為了保護砂拉越的獨立與自由所犧牲的鬥士。在這裡散步會覺得這一區是古晉最迷人的地方，融合了200年來各種族文化的精髓所在。

▲砂拉越博物院門口

▶獨立鬥士紀念碑及紀念公園

古晉市區地圖

州元首府 Astana
小印度區 Little India
Jalan Gambir
My Village Barok
瑪格莉特碉堡 Fort Margherita
Jalan India
Jalan Barrack
粉紅清真寺 Masjid Bandaraya Kuching
英殖民古蹟郵政總局
河濱公園與英殖民建築群 Kuching Waterfront & British colonial buildings
Jalan Main Bazaar
貓地標 Jalan Padungan (Cat Statue)
Jalan Carpenter
Jalan China
Jalan Masjid
Jalan Datuk Ajibah
Jalan Tunku Abdul Rahman
亞答街 Attap Street (Jalan China)
阿貝爾旅館 Abell Hotel
Jalan Tun Abang Haji Openg
錫克廟 Sikh Temple
←往馬當
鴉片咖啡 Hiap Yak Tea Shop
Lebuh Temple
大伯公廟 Tua Pek Kong Temple
Jalan Padungan
小海南 Little Hainan
Jalan McDougall
婆羅洲文化博物館 Borneo Cultures Museum
獨立購物廣場 Plaza Merdeka
伊斯蘭博物館 Islamic Museum
舊砂拉越博物院 Sarawak Museum
Jalan Reservoir
欣悅精品酒店 Amamas Boutique Hotel
Jalan Satok
↓ 石隆門

別具特色的州立法議會與古蹟

河濱公園與英殖民建築群 (Kuching Waterfront & British colonial buildings)

Kuching Waterfront, Jalan Main Bazaar ☎ +6082-423600 / +6082-240366(訂購遊船河) 河濱公園全日開放；瑪格烈達古堡：週二～日09:00～17:00；遊船河每日17:30～19:00 $ 景點免費，遊船河每人65RM(含餐) ➡ 以河濱公園為起點，步行均可到達 http www.sarawakrivercruise.com(砂拉越旅遊局官網) MAP P.196

河濱公園是古晉觀光的最精華區及旅客集散地，沿著砂拉越河畔有大約1公里的步道，河濱公園最顯眼的建築物，是州立法議會(The new State Legislative Assembly Complex)金黃色的尖頂多角形屋頂，融合了大馬的多元風格。公園對面就是一整排紀念品商店，附近有大伯公廟及華人歷史紀念館，距離印度街及亞答街都在步行10分鐘左右的範圍內。

英式殖民風的古蹟建築

州元首府(The Astana)

建於1870年，是砂拉越第一代白人拉者詹姆士·布洛克(James Brooke)送給第二代拉者查理士·布洛克(Charlies Brooke)的結婚禮物。目前並未開放觀光客進去參觀。

四方碉堡(Square Tower)

位在河濱公園旁的，當年這裡是監獄，現在是古晉著名的觀光地標及旅遊諮詢中心所在。對面是美術館，裡面現在有紀念品店及餐廳。

郵政總局(Main Post Office)

自19世紀布洛克王朝時期留下的建築物，目前仍然為郵政部門所用。郵政總局旁邊緊連接著象徵華人歷史的亞答街。

S型黃金橋與水上清真寺

S型黃金橋連結古晉南市與北市，過去要橫渡砂拉越河需仰賴渡輪或人力小船，有了這座橋以後，行人更加方便，也改變了砂拉越河畔的景觀風貌。前兩年落成的水上清真寺是河濱公園的另一亮點，古晉也晉升為有水上清真寺的城市了。

1.四方碉堡／**2**.英殖民時法庭／**3**.州議會廳是河濱公園最顯眼的景致之一／**4**.S型黃金橋／**5**.水上清真寺／**6**.傍晚開船的遊船河行程，相當值得

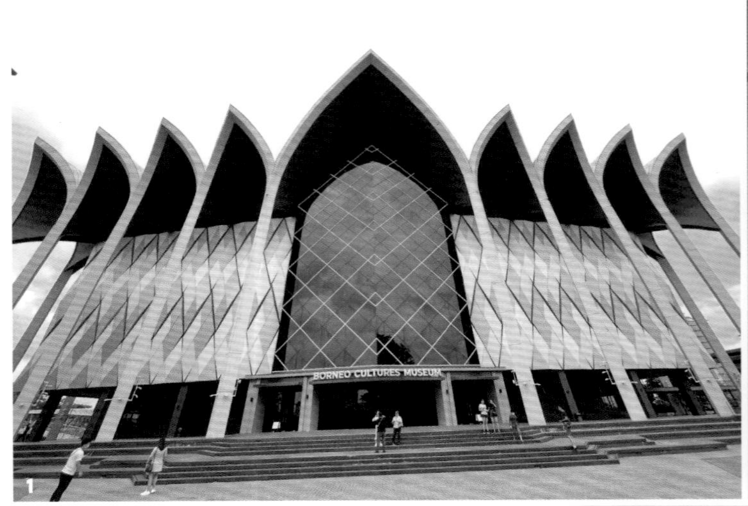

東南亞第二大博物館

婆羅洲文化博物館 (Borneo Cultures Museum)

Jalan Tun Abang Haji Openg, 93400 Kuching, Sarawak +6082-548215 09:00～16:45 非馬來西亞公民：成人票50 RM，孩童票25 RM 由河濱公園步行約10分鐘即達 museum.sarawak.gov.my MAP P.196

前身為砂拉越博物院，後來在旁邊又新建這棟文化博物館，為東南亞第二大博物館。內有5層樓，展品較以前更加多元豐富，有原住民文化、歷史資料、生態與永續等不同的主題，還增加了許多互動式的體驗，可以更深入瞭解婆羅洲多元族群的文化內涵。

1.外觀頗有設計感／2.挑高樓層的展館／3.歷史展區／4.展示馬蘭諾族生命儀式的圖騰柱

忘卻煩憂的度假天堂

達邁海濱區 (Damai Central)

Damai Central Jalan Pantai Damai ☎ +6082-846113 上午08:00～凌晨02:00 $ 人均消費10 RM起跳 ➡ 包車或藉由古晉市區Holiday Inn接駁車前往，07:30開始由古晉Holiday Inn出發，車程約45分鐘，車資每人10RM fb Damai CraftWorld And Event Centre ? 發車時間可向飯店櫃檯洽詢，下車時直接向司機洽詢回程由達邁發車的時間

這是距離古晉約45分鐘車程的海濱度假區，距離砂拉越文化村不到5分鐘車程。有高爾夫球場俱樂部及其他兩家四到五星級的度假飯店。附近也有背包客旅館及民宿。南中國海的海景及山都望山的山嵐是這裡最美的景色。最大的飲食中心為Damai Center，飯店的海上遊樂設施完善，建議可在這一區住一晚。

▲從飲食中心看山都望山的山嵐很美

▲達邁海濱區的海景

▲瑪蘭諾人的建築，木材相當珍貴

認識多元民族的文化與生活

砂拉越文化村 (Sarawak Cultural Village)

Pantai Damai, Santubong, P.O.Box 2632, 93752 Kuching ☎ +6082-846108 09:00～17:00 $ 成人票85RM ➡ 同達邁海濱區 http www.scv.com.my

這裡類似台灣的九族文化村。在砂拉越有超過20個以上的民族，而文化村裡展示了其文化及生活習慣都把最精華的部分，讓人逛一圈就能迅速地初步了解這個地方的多元文化。其中民族歌舞表演是景點的重頭戲，每天10:30和15:00表演兩場，全長約45分鐘。

▲每天兩場的精采歌舞表演

馬來西亞及印尼加里曼丹交界地標

婆羅洲高原景區 (Borneo Highland)

Jalan Borneo Heights, Padawan +6082-577930 07:00～15:00 進入園區每人10RM，如果有訂房則免入場費 無大眾交通工具，建議包車前往(山路不好開，不建議自駕) www.borneohighlands.com.my

婆羅洲高原是距離古晉開車約需1小時的地方，地處於馬來西亞與印尼交界的地帶，海拔超過1,000公尺，因此常年溫度在20度上下，是避暑勝地。這片山原來是屬於政府所有，後來被開發規畫成景觀區及住宅區，目前屬於私人經營，再加上是相當知名的高爾夫球場，吸引不少達官貴人前來購地建別墅。

前往婆羅洲高原欣賞美景，最不可錯過的就是在馬來西亞及印尼加里曼丹交界的地標上拍照。眼前的景色前一秒可能是雲霧繚繞，後一秒又可能陽光清晰的照耀著大片的熱帶雨林。此處另有花園及果園，花果照顧得頗為完善，另有一間度假村，提供的餐點均為素食，如果不習慣，可自行攜帶食物上山。

1.馬印邊界的標誌／**2**～**5**.高原裡的花卉被照顧得相當漂亮／**6**.高原的草地／**7**、**8**.邊界看過去的風景就是古老熱帶雨林「世界之肺」

體驗比達友族的生活

比達友族長屋體驗(Kampung Benuk)

✉ 166, Taman Samax, Batu 6, Jalan Penrissen Off Lorong 1B $ 15RM(含導遊參觀費) ? 停留時間：至少1～2小時 ➡ 建議包車前往，由機場出發車程約30分鐘 http amazing-padawan.wordpress.com

這是古晉郊區保存最完整的一個原住民長屋區。砂拉越州的原始長屋是非常有名的。在這裡可以體驗比達友族的日常生活，品嘗自釀的小米酒，也可以購買手編的飾品與小物。如果要拍照，只要取得本人同意，比達友族的朋友會穿戴傳統服飾給遊客拍照。另外，也可以預訂長屋住宿。

▲喝一杯自釀的小米酒

▲一眼看過去的長屋就是比達友族最普遍且自然的生活空間

▲比達友族會自己做手工藝品，歡迎參觀者欣賞購買

近距離接觸紅毛猩猩

紅毛猩猩復育中心(Semenggoh Wildlife Rehabilitation Centre)

✉ Jalan Tun Abang Haji Openg, Kuching ☎ +6082-618423 🕒 08:00～10:00、14:00～16:00，餵食時間09:00～10:00、15:00～16:00 $ 非馬來西亞公民：成人票10RM，孩童票5RM ➡ 建議包車或參加旅館行程，由市區出發車程約30分鐘 http semenggoh.my

復育中心裡的紅毛猩猩多為過去曾被人類棄養或是從小喪母的，因此要培養他們野外生存的能力以及對環境的安全感。園區內最大的守則就是保持安靜，也不能隨意走動，要跟隨保育員的指揮。有些不夠有安全感的紅毛猩猩會突然生氣，是具有攻擊性的喔！除此之外，可以非常近距離地看到紅毛猩猩在樹枝上吊掛與敏捷的身手，喜歡動物的朋友來到這裡應該會覺得非常滿足。

▲復育中心的門口

▲可以近距離地看到紅毛猩猩母子情，非常可愛

親子行程不能錯過

婆羅洲開心農場 (Borneo Happy Farm)

✉ Lot 485 & 490 Jalan Sungai Moyan No.3 Jalan Pei Yuan Selatan Jalan Batu Kawa-Bau Bau, 94000 Kuching, Sarawak ☎ +6016-8988084、+6011-10536700 ⏲ 08:30～17:00(週二休息) $ 成人票60RM，孩童票40RM ➡ 建議自駕或由古晉市區包車前往，車程約40分鐘

開心農場的經營者與台灣的關係深厚，園區很大，除了有親子動物區可以實際接觸動物以外，也有各種植物品種的種植示範區，不同的動線規畫很有趣味，很適合一家大小來這裡溜小孩和放電。

1.開心農場大門／**2**.園區內植物介紹與品種內容豐富／**3**.動物互動區

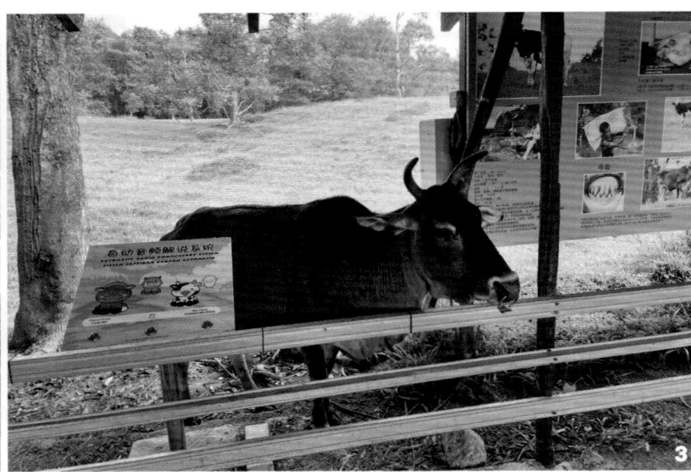

行家秘技 斯里蘭卡餐廳(Ceylonese Restaurant)

這家是近年古晉必吃的人氣美食餐廳，斯里蘭卡的年輕老闆因為來古晉念書，之後留下來開店，將家鄉美食發揚光大，讓許多馬來西亞人都能吃到。必點的是可以牽絲很長的起司烤餅、三色的印度DOSA脆餅、被滿滿起司包裹的炸香蕉，以及羊肉手抓飯，還有各種咖哩都非常好吃，保證你今天來過，明天還會想再來吃！

✉ Lot 95, Jalan Green Hill, Kuching, Sarawak
☎ +6016-8988084、+6011-10536700
⏲ 10:00～11:30
$ 10RM起
➡ 建議自駕或由古晉市區搭Grab前往

1.每到用餐時間一定排隊的人氣餐廳／**2**.每桌必點的起司烤餅與三色DOSA脆餅／**3**.炸香蕉

美里
Miri
藍色海岸城

美里因為擁有漂亮的海岸線，所以有藍色城市之稱，而且鄰近汶萊，若不安排悠閒的海岸行程，或是跨雙國的探險路線，那就太可惜了！

行程建議

三天兩夜山與海的旅行

Day 1 美里機場 → 2020 港點 → 石油博物館 → 加拿大山 → Coco Cabana 海灘夕陽 → 酒吧區 → 住宿萬豪渡假村

Day 2 尼亞石洞一日遊 → Wireless Walk → 宿萬豪渡假村

Day 3 市政府公園 → 遊艇俱樂部 → 正記雞飯 → 美里機場

七天六夜雙國雙國家公園之旅

Day 1 美里機場 → 2020 港點 → 石油博物館 → 加拿大山 → Coco Cabana 海灘夕陽 → 酒吧區 → 住宿萬豪渡假村

Day 2 尼亞石洞一日遊 → Wireless Walk → 宿萬豪渡假村

Day 3 入境汶萊 → 水上人家 → 清真寺 → 宿帝國酒店

Day 4 汶萊博物館 → 蘇丹紀念館 → 入境美里

Day 5 姆魯國家公園 → 宿姆魯國家公園

Day 6 姆魯國家公園 → 宿美里

Day 7 出發至其他城市或回台灣

百萬隻蝙蝠列隊出洞

姆魯國家公園 (Gunung Mulu National Park)

98200 Miri, Sarawak +6085-792300 進入園區，非馬來西亞公民：成人票30RM，孩童票10RM 從美里機場可以搭乘飛機直飛姆魯國家公園。航程半小時。建議先到旅行社購買行程 mulupark.com/plan-your-trip

姆魯國家公園最有名的是4個已開放觀光的鐘乳石洞，全部走完約一天，4個洞分別是：鹿洞、LANG洞、風洞及清水洞。其中最著名的是鹿洞，其特色是洞裡住著上百萬隻吃昆蟲的蝙蝠，每天百萬隻蝙蝠會排列隊形分批出洞覓食，場面壯觀。

另外，若從洞口向外看出去，空中看起來像是出現一個人的側臉，有點像是林肯總統的輪廓呢！這也算是大自然造物的藝術品之一吧！對於美里人而言，姆魯國家公園應該可說是他們的寶，每次到了美里，總是會有當地的人問說去過姆魯了嗎？因為有去過姆魯才算是真正來過美里喔！

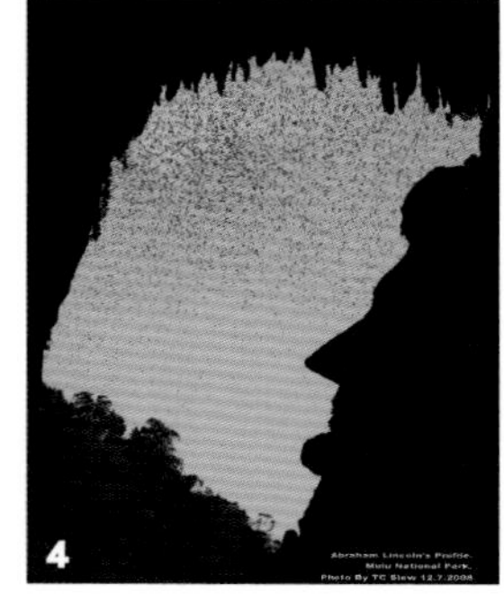

1.自然寶庫—清水洞／**2**.燈光照耀下蓬華生輝／**3**.可容納5間倫敦聖彼得堡大教堂／**4**.蝙蝠出洞，有看到林肯總統輪廓嗎(以上照片提供／砂拉越留台同學會總會長 蕭特財先生)

幾萬年前的珍稀岩石化石

尼亞石洞 (Niah National Park)

98200 Miri, Sarawak +6085-737450 08:00～17:00 非馬來西亞公民：成人票20RM，孩童票7RM 無大眾交通工具，建議包車前往(山路不太好開，自駕不建議) niahnationalpark.my P.204

▲公園入口處

尼亞石洞距離美里約1個半小時的車程，進入國家公園後，還需搭乘一小段船過河，上岸後徒步5公里才到達第一個洞口。步行路程中，棧道旁可以看見幾萬年以前原是藏在海底的岩石，上頭還有遠古時代的生物化石。

尼亞石洞以前是採集洞燕(珍貴的燕窩等級)的地方，因此在洞口可以看見採燕窩時留下的繩索及木架，現在數量越來越少，就要越往山洞深處，必須到無法想像的高處採才有。尼亞石洞第二個洞的特色就是相當地大，據說可以停放非常多架波音747。洞裡十分黑暗，要用手電筒照明，並戴上棉線手套，小心翼翼地往前行。

▲尼亞石洞大洞口

有大海馬的市政府建築

美里市政局廣場

Lot 2262 (Parent Lot 1359), Block 9, MCLD, Jln Bandaraya, 98000 Miri 全日 免費 自駕 P.204

美里市政府位在填海新生地區，在砂拉越州每一個城市都有自己的吉祥物，例如古晉是貓，詩巫是天鵝，而美里就是海馬。因此美里市政府建築最大的亮點就是有海馬圖案排列在外觀上。市政府前的廣場是個可以看海的大公園，吸引許多市民會到這裡運動散步。

▲有海馬圖案的建築

感受美里海景魅力的最佳地點

COCO CABANA

Lot 2260, Jln Bandaraya, 98000 Miri 全日 免費 自駕 P.204

Coco Cabana是美里看夕陽的好地方，除了海景之外，有間夕陽酒吧，建築物頗有特色，有點泰國或峇里島的木造建築的風情，在這裡看海、喝飲料、拍照是來美里必做的事。

▼椰樹與海景，這就是藍色城市美里的魅力

購物篇 Shopping

到馬來西亞血拼，絕不能錯過什麼呢？

Bukit Bintang(武吉免登)是吉隆坡市區的蛋黃區，購物中心林立，入夜之後是令人目眩的夜景。這一區阿拉伯的特色餐廳不少，來自中東的遊客絡繹不絕，更添馬來西亞伊斯蘭風情的樣貌。一般來說，英系的品牌比台灣便宜，本地設計師品牌物美價廉，國際精品應有盡有，到吉隆坡購物是很好的選擇。

DIOR
THE SERUM
N°1
CHANEL
MAIN ENTRANCE

購物中心

馬來西亞各州都有自己的特產，吉隆坡更是眾所周知的購物天堂。

吉隆坡

Kuala Lumpur

吉隆坡曾被CNN評選為全球最佳購物城市的第4名，折扣季節在3月、7月及11月。吉隆坡除了林立的購物中心之外，LRT Masjid Jemak站外的小印度街以及步行往茨廠街方向的中央藝術坊，都是採購便宜衣物及特色紀念品的好去處。

▲Pavilion購物中心會根據不同節日，布置儀式感滿點的節慶裝飾

▲誠品也進駐Bukit Bintang一級戰區

▲中央藝術坊聚集了特色店家，可以吹冷氣逛街

武吉免登一帶最著名的就是林立的購物中心，坐落在單軌列車Bukit Bintang站外的兩旁，這裡算是到吉隆坡採購的最佳地點。金河廣場、柏威年購物中心與華氏88廣場都坐落於此。

金河廣場 (Sungei Wang Plaza)

✉ Lower Basement One, Sungei Wang Plaza, SWP Box No. 009, Jalan BukitBintang, 55100 Kuala Lumpur.
☎ +603-21449988 / +603-21426636
🕒 10:00～22:00
➡ 搭乘Monorail至Bukit Bintang下車
http www.sungeiwang.com

金河廣場走的是平價路線，商場內從POS(郵局)、技術不錯的按摩店、3C店家、百貨食品、美容、美髮、美甲應有盡有。此外，廣場外幾間匯兌店家價格不錯，可以多比兩家。如果突然發現少了什麼生活用品可以來這裡走一圈，應該都能買到。

柏威年購物中心 (Pavilion)

✉ 168 Jalan Bukit Bintang, 55100 Kuala Lumpur, Malaysia
☎ +603-21188833 🕒 10:00～22:00
➡ 搭乘Monorail至Bukit Bintang站，下車後依照路標指示方向前進，步行約3分鐘即可到達
http www.pavilion-kl.com

這是在武吉免登區最具指標性的一間大型購物中心，如果想逛比較高價位的專櫃可以往右走，如果想逛比較平價的品牌就往左走，這是購物中心逛街的小撇步。門口有隨時變化不同色彩的中國風瓷器造型噴水池，是這一區的熱門地標打卡處。

1.廣場二樓的餐廳與酒吧林立，還有通往Suric KLCC的步行空橋(Bintang Walk)／**2**.過年時的聖誕布置相當精采／**3**.柏威年購物中心前最出名的中國風瓷碗噴水池，其顏色會不斷地改變

華氏88廣場 (Fahrenheit 88)

179 Jalan Bukit Bintang, 55100 WP Kuala Lumpur, Malaysia
+603-29383333　10:00～22:00
搭乘Monorail至Bukit Bintang出站依照路標指示方向前進，步行約3分鐘即可到達
www.fahrenheit88.com

鄰近柏威年購物中心。原名是KL Plaza。裡面的專櫃主打平價品牌，也有酒吧與餐廳。

谷中城 (MidValley)

Level 31, The Gardens, South Tower, Mid Valley City, Lingkaran Syed Putra, 59200 Kuala Lumpur
+603-21188888　10:00～22:00
自中央車站(KL Sentral)搭乘KTM至Mid Valley站下車，順著人行天橋走即可到達
www.midvalley.com.my

Mid Valley是吉隆坡最受歡迎的購物中心之一，結合了2棟商業辦公大樓及飯店，對面還連著另一間The Gardens購物中心。此外，Mid Valley裡還有近20個放映廳數的電影院。

陽光廣場購物中心 (Suria KLCC)

Lot No. 241, Level 2, Suria KLCC, Kuala Lumpur City Centre, 50088 Kuala Lumpur
+603-2382282
10:00～22:00
搭乘LRT Putra線至KLCC站下車
www.suriaklcc.com.my

購物中心位在國油雙峰塔的B1～5F。裡面除了是集本地品牌及各國進口專櫃於一身的購物中心，還擁有1間國油畫廊(Petronas Gallery)、國油科學館(Petrosains)、2座美食中心、擁有12個螢幕的TGV電影院等。來到這裡，無論想逛街、吃飯或看電影，一應俱全。

◀參觀國油雙峰塔就不會錯過這個購物中心

▼購物中心外的花園及噴水池也是拍照好地點

LaLaport Bukit Bintang City Centre

✉ 2, Jalan Hang Tuah, Bukit Bintang, 55100 Kuala Lumpur, Wilayah Persekutuan Kuala Lumpur
☎ +603-27313555 ⏲ 10:00～22:00
➡ 搭乘Monorail或LRT至Hang Tuah站下車，步行約3分鐘即達
http mitsui-shopping-park.com.my

這家日本三井旗下的購物中心於2022年開幕，號稱是目前最大的Lalaport商場，地理位置很好，與武吉免登區、茨廠街這些老牌的吉隆坡熱鬧地點都只需步行即可到達，除了有許多日本品牌之外，最值得一看的是頂樓的水池造景，與吉隆坡新建的第一高樓Merdeka 118的上下倒影相互輝映。旁邊的超長樓梯是打卡必拍的私房景點。

1、**2**.Lalaport的大logo／**3**.私房打卡樓梯景點／**3**.柏威年購／**4**.夕陽下到頂樓看馬來西亞第一高樓Merdeka 118

武吉加里爾柏威年購物中心(Pavilion Buklit Jalil)

✉ 2, Persiaran Jalil 8, Bukit Jalil, 57000 Kuala Lumpur, Wilayah Persekutuan, Kuala Lumpur
☎ +603-80928833 ⏲ 10:00～22:00
➡ 建議搭乘Grab，因為鄰近並無大眾運輸站，步行路程會較遠
http www.pavilion-bukitjalil.com

這是市區的柏威年購物中心最新開幕的分店，面積更大，除了馬來西亞購物中心一定都會有的百盛之外，特色在於有許多國外進駐的品牌。例如甫開幕就造成轟動的日本蔦屋書店，還有The Food Merchant國際食品超市，另外也有菲律賓餐飲龍頭的Jollibee(快樂蜂)、泰國Siam Piwat百貨初試啼聲進駐吉隆坡。

1.蔦屋書店／**2**.菲律賓飲食集團龍頭Jollibee／**3**.國際食品超市

三井名店城 (Mitsui Outlet Park)

Persiaran Komersial,64000 KLIA,Selangor Darul Ehsan
+603-87779300　10:00～22:00
從KLIA KLIA2機場有免費接駁巴士可到(每20分鐘一班車)
www.mitsuioutletparkklia.com.my/chinese.php

位在吉隆坡國際機場外的三井名店城是一個規畫完善的購物中心，除了有許多廣受喜愛的品牌之外，2樓還有飲食區。最重要的是，在購物中心裡可以直接辦理Check In，讓你離開前有充足時間一展身手，買個盡興。

▶三井名店城外觀

▼從平價到高價位的品牌都有

馬六甲 Melaka

英雄廣場 (Dataran Pahlawan)

Jalan Merdeka, Bandar Hilir,75000 Melaka
+606-2832828　10:00～22:00
距離荷蘭紅屋區步行約10分鐘可到達
www.dataranpahlawan.com

這座購物中心占地非常廣大，其所在位置有一部分是原來紀念獨立英雄的的草場，以草場串連起不同棟的購物中心，構成英雄廣場。裡面店家林立，非常熱鬧好逛，結合了時尚，傳統與美食，如果想要看現代感的馬六甲風貌，可以離開老城區，到這裡逛逛。

美里 Miri

帝國百貨與步行街 (Imperial Mall、Wirless Walk)

Imperial Mall, Jalan Merpati, 98000 Miri, Sarawak
10:00～22:00

美里市區不大，市中心最熱鬧的商圈在帝宮大廈與近年規畫的步行街，旁邊還有富麗華百貨以及百貨商鋪。傍晚時到這裡走走，沿路會有數百公尺的步行街美食檔，另有一番風情。

▲Wirless Walk步行街

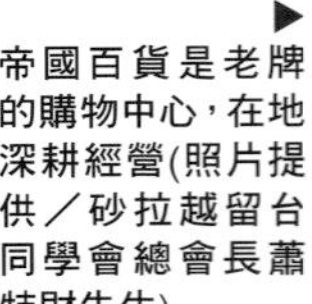

▶帝國百貨是老牌的購物中心，在地深耕經營(照片提供／砂拉越留台同學會總會長蕭特財先生)

檳城

Penang

光大 (Komtar)

✉ No.33 Jalan Lim Chew Leong 10100, Penang Malaysia
🕑 10:00～22:00
➡ 搭乘免費巴士或任一路線巴士均可到達

光大大廈是檳城的地標性建築，樓高65層。光大除了購物中心以外，最重要的是市區巴士及長途巴士的轉運站，要從檳城前往各個地方，來光大搭車準沒錯。

▲光大四周的各大商場

Straits Quay

✉ 3F-G-1 Straits Quay Jalan Seri Tanjung Pinang Tanjung Tokong 10470 Penang, Malaysia
☎ +604-8918000
🕑 10:30～22:30
➡ 距離市區約7公里
http www.straitsquay.com

Straits Quay是一座集合遊艇俱樂部、高級公寓與購物中心於一身的地方。可以在夕陽時分抵達這裡欣賞港灣與夕陽，購物中心裡有一些出名的餐廳，例如：Red Fleed 是檳城有名的炸魚店。

◀購物中心的服務台

▼購物中心外的遊艇與夕陽

蘭卡威

Langkawi

珍南購物中心 (Cenang Mall)

Lot 2605, Jalan Pantai Cenang, Mukim Kedawang, 07000 Langkawi
+604-9531188
11:00～23:00
開車至Jalan Pantai Cenang後可在路邊免費停車，或至賣場的收費停車場
Cenang Mall

▲Mall不是很大，但附近很熱鬧

免稅店

蘭卡威是免稅島，加上退稅品項並不包含食品、巧克力及菸酒類，所以許多人到蘭卡威的免稅購物中心會掃購這些免稅商品，但需要注意入境台灣時每人的最低攜入菸酒額度，以免過量。

在蘭卡威珍南海灘旁的Jalan Pantai Cenang路上有免稅購物中心，驅車前往瓜鎮的途中也都會經過免稅購物中心，就連碼頭也有免稅商場。

▲珍南路(Jalan Pantai Cenang)上靠近珍南購物中心一帶的免稅商場

▲前往瓜鎮的途中會經過的Outlet

▲瓜鎮碼頭的免稅商場

豆知識

蘭卡威免稅島的神話

兩百多年前的蘭卡威，誕生了一位貌美的瑪蘇麗公主(Marsri)，國王相中其美貌想納為妃，可是招來宮裡的其他嬪妃忌妒，因此國王只好把她嫁給自己的弟弟。後來弟弟隨軍出征與暹羅交戰，音訊全無，瑪蘇麗公主向其他同上戰場的男性打聽丈夫下落，卻被宮裡的嬪妃謠傳紅杏出牆，國王便將公主賜死。當匕首插進公主心臟時，流出了白色的血，代表著公主的清白，而公主死前發下毒咒，讓蘭卡威七代不得安寧。後來蘭卡威被暹羅佔領，國勢每況愈下。

直到1986年，一個叫Aisyah的女孩在泰國誕生，同年，馬來西亞首相馬哈地訪問蘭卡威，將其定為馬來西亞的免稅島，開始發展觀光，蘭卡威因此興起。後來，當地考證Aisyah就是瑪蘇麗公主的第七代傳人。

亞庇

Kota Kinabalu

曙光廣場 (Suria Sabah)

Jalan Tun Fuad Stephens, 88000 Kota Kinabalu, Sabah, Malaysia
+6088-487087
10:00～22:00
從市區步行約數分鐘即可到達
www.suriasabah.com.my

這是亞庇最大的購物中心，一共4層樓，集合國際品牌及電影院、餐廳，還有一間亞庇最大的超市City Grocer，由於地理位置極佳又面海，所以觀光客應該都不會錯過到這裡逛街吹冷氣。

時代廣場 (Imago Shopping Mall)

Jalan Coastal, Kota Kinabalu, Sabah, Malaysia
+6088-486211
10:00～22:00
從市區步行約15～20分鐘可到達
goo.gl/q5GyEE

位在亞庇商業區一間較新的購物中心，將餐廳、酒吧、商場結合在一起。旁邊還有KK TIME SQUARE酒店。

▲IMAGO是亞庇較新的購物中心

默迪卡購物中心 (Wisma Merdeka)

Lot A1019-1021, 10th Floor, Phase 1, Wisma Merdeka, Jln Tun Razak, 88000 Kota Kinabalu, Sabah, Malaysia
+6088-232761　10:00～22:00
從市區步行約數分鐘可到達
www.wismamerdeka.com

這裡是沙巴老牌的購物中心，商品平價豐富，兩替店的匯率也最好。若想購買3C產品及辦理手機SIM卡，來這裡也是不錯的選擇。

古晉

Kuching

獨立購物廣場 (Plaza Merdeka)

88 Pearl Street, Kuching 93000, Malaysia
+6082-239408　10:00～22:00
從河濱公園步行約10分鐘可到達
www.plazamerdeka.com

這裡是河濱公園一帶較具規模的購物中心，雖然面積不大，但廣場裡面連鎖咖啡店、美食街等應有盡有。是在附近逛完博物院、小印度區及亞答街之後，可以吹冷氣吃東西的好地方。

▲購物中心內部布置

▲從購物中心看出去的古晉市景

Vivacity Megamall

Ground Floor, Jalan Wan Alwi, 93350 Kuching, Sarawak
+6082-263888　10:00～22:00
搭乘Grab前往，距離河濱公園約10分鐘
vivacity.com.my

這是古晉最新、受到大家歡迎的一間購物中心，除了平價到高價的品牌雲集之外，也有馬來西亞購物中心一定要有的百盛百貨，還有永昇超市。

▲古晉新開的購物中心

▲來到馬來西亞必買的夾腳拖品牌

Spring

✉ 3rd Floor, The Spring Shopping Mall, Persiaran Spring 93300 Kuching, Sarawak, Malaysia
☎ +6082-238111　🕘 10:00～22:00
➡ 搭乘City Public Link巴士K8 或 K11，或從河濱公園開車前往約10～15分鐘
http www.thespring.com.my

這間購物中心的設櫃風格比較接近吉隆坡，並且看得到一些國際品牌。購物中心內的電影院生意相當好，也因此帶動了美食街及超市等商店的買氣。

▲內部有許多連鎖餐廳、咖啡廳還有大強超市

CityONE Megamall

✉ No.1, Jalan Song, 93350 Kuching, Sarawak, Malaysia
☎ +6082-532888
🕘 10:00～22:00
➡ 從河濱公園開車前往約10分鐘
http www.cityone.com.my

這是古晉新的大型購物中心，集合電影院、餐廳、商場、超市及室內運動於一身。是當地人喜愛的購物地點。位在101大排檔附近。

▲CityONE位在古晉另一個發展區Jalan Song一帶

印度街

✉ Jalan India
🕘 10:00～22:00
➡ 由河濱公園步行約3分鐘即達

古晉印度街位在南市河濱公園旁，有許多服飾店與日用品雜貨，價格實惠，來到古晉不妨到這裡逛一圈，也許能撿便宜買到舒服的衣服。印度街的巷弄中還有早期印度穆斯林社群留下的清真寺，穿梭在市集與巷弄中可探索古晉風情。

▲印度街內由印度人開的香料專賣店，歷史悠久

▲印度街內也有穆斯林用品專賣店

特色市集

亞庇週日市集(Sunday Market)

這是所有當地人及觀光客都知道的好去處，每次來沙巴，當地人一定都會推薦這裡。附近就是背包客旅館的集散地，所以如果住在市區時遇到週日，一定不能忘了來這個大市集逛一逛。從土產到富有當地特色的紀念品一應俱全。

✉ Gaya Street, Kota Kinabalu, Sabah
🕒 週日清晨～中午
➡ 從亞庇市中心步行至Gaya Street即可到達

行家秘技　在馬來西亞購物能否殺價

在馬來西亞的商店或街邊買東西可以小小的議價，但空間不多，他們不會漫天開價，所以真的有購買意願再講價。

▲五彩的沙龍布很漂亮

▲古蘭經的貼紙與飾品

古晉美食節(Kuching Festive and Food Fair)

古晉是個品嘗各地美食的好地方，每年**7～8**月分這裡都會舉辦美食節，只有疫情期間停辦**2**年。這是古晉每年最熱鬧並且最受歡迎的活動，已經成為西馬、新加坡、泰國和印尼共同的熱門盛事，總是吸引大批鄰國的人專程來參加，因此停車位一位難求。

疫情後重新舉辦，更是盛況空前，總計有**4**百多個攤位，其中，台灣美食的攤位更是美食節的寵兒呢！每到這個時節，身為古晉人，好像一定要去那麼一次，若你計畫這時去古晉，千萬別錯過這個難得的國際美食文化大節！

✉ 93450 Kuching，Sarawak(古晉南市民眾會堂廣場)

➡ 需搭計程車或開車前往

FB 砂州眼 Sarawak Eye

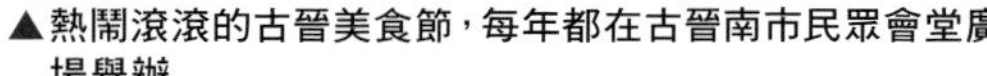

▲熱鬧滾滾的古晉美食節，每年都在古晉南市民眾會堂廣場舉辦

▲美食節攤位與用餐情況

豆知識

新舊兼容，古晉美食的文化野心

古晉美食節除了疫情期間停辦之外，自1980年代以來，已連續舉辦超過30個年頭，筆者有幸能夠從約20年前起就共襄盛舉，觀察至今，發現雖然地點不曾改變，但是占地更加廣大，增加了新的造景打卡區，並且攤位數量越來越多，攤位內容也從原來較為單純的古晉本地美食，發展出多元的變化，例如有許多標榜台灣美食，以及近年流行的廣西螺螄粉也嶄露頭角。唯一不變的就是推廣古晉美食的初衷，甚至規畫了以潮州、客家、福州等不同籍貫的美食主題攤位，讓大家透過味覺來追憶先祖輩一代的傳統滋味，具有獨特的文化意義。

品牌商店

馬來西亞的本地品牌平價又富設計感，值得尋寶。

推薦品牌

Fashion Brand

PADINI

PADINI旗下的品牌有：VINCCI、SEED、P&CO等，VINCCI最著名的是鞋子，SEED走的是OL風格的服裝，P&CO則是年輕活潑風。如果在大型購物中心看到PADINI，可以進去逛一圈感受馬來西亞時尚魅力。

▲位在沙巴Suria Sabah的PADINI專櫃

VINCCI

在馬來西亞有不少本土的品牌受到歡迎，款式及價格都滿獲大眾接受，其中以「VINCCI」最為有名。它是PADINI旗下的品牌，在大型的購物中心很容易看見「VINCCI」的身影，它不只是賣鞋子，包包、飾品具有設計感但價格親民。大概就是馬來西亞版的H&M或是ZARA這樣的感覺。

Bata

「Bata」是來自東歐捷克的鞋子品牌，幾乎在大馬各地都可以看見連鎖店及專櫃，價格平實好穿。配合熱帶的需求，出了許多涼鞋及平底走路鞋款，穿脫方便。因為台灣沒有設櫃，很多人會到東歐掃貨冬天靴款，下次到馬來西亞別忘了買雙夏天的「Bata」。

▲位在馬六甲街上的Bata專賣店

Himalaya

喜馬拉雅(Himalaya)是印度的平價品牌，從洗浴用品到保養品、健康食品等應有盡有，雖然台灣有進口這個品牌，但是馬來西亞的價格比台灣便宜，對於喜歡講究草本配方的人來說，這是到馬來西亞不容錯過的伴手禮。

▲Himalaya的產品在小型的超市或萬寧等連鎖藥妝店都買得到

Beryl's

馬來西亞國寶級品牌的巧克力，馬來西亞除了盛產茶葉、橡膠、棕櫚、胡椒等經濟作物外，可可的種植表現也很優秀，所以國產巧克力品牌也深受消費者歡迎。Beryl's在很多購物中心和商圈都有專賣店，包裝多元、價格平實，很適合當伴手禮。

Mix.Store米克斯

這是近兩年在吉隆坡非常流行的大型便利商店，有各國當紅零食、泡麵及飲料，包括韓國、日本、台灣、泰國、越南，甚至是中國的螺螄粉、魔芋爽等都有。有人暱稱它是零食任意門，舒緩當疫情無法自由出國時的心情。

▲位在吉隆坡武吉免登商圈的米克斯分店

Fipper天然橡膠夾腳拖

馬來西亞是橡膠大國，以大象為Logo的天然橡膠夾腳拖可以說是人手一雙，不僅材料舒適，配色鮮明，而且物美價廉，幾乎穿過的人都會囤貨好幾雙或送給親友。

▲馬來西亞國民夾腳拖品牌

美體小舖The Body Shop

這是台灣人不陌生的英系保養品牌，馬來西亞的定價大概是台灣的85折，而且碰到特價或活動時價差就更大，所以很多人去馬來西亞都不會錯過這一個品牌。

▲美體小舖在馬來西亞的大小商場都很容易找到，基本上機場也有

CHARLES & KEITH

成立於新加坡的時尚小資品牌，暱稱小CK，有不少深受女性喜愛的設計。對於喜歡這個牌子的人來說，馬來西亞的售價與款式應該會讓人有淘寶的樂趣。

▲位在吉隆坡武吉免登商圈的分店

Jo MALONE

來自英國的香水品牌，深受各年齡層的女性喜愛，在馬來西亞買的價格比台灣便宜許多，喜歡香水的朋友，別忘了帶一瓶回家。

▲100ml的價格真的很划算

藥妝店及大賣場
Drugstore & Mall

馬來西亞最多的藥妝店是萬寧(guardian)，賣保健食品的GNC也滿常見，另外就是愛買(GIANT)及家樂福(Carrefour)，屈臣氏數量比較少。

▲萬寧藥妝店在大型車站及商場都可以看到

▲位在古晉的愛買量販店

必買特色商品

泡麵、胡椒、燕窩、紅茶、咖啡豆、咖啡及奶茶等各式飲品沖泡包、肉骨茶包、雞飯及叻沙等醬料調理包、微笑魚罐頭等，都是具有馬來西亞特色的食物伴手禮。此外，各種具有馬來西亞多元文化特色的磁鐵、印染的沙龍、絲巾、花襯衫、手工娘惹裝、伊斯蘭頭巾與罩袍等，也是尋寶的好對象。在東馬因為土著人數多，有手工編織品與雕刻藝術品，也有許多愛好者喜歡購買收藏。馬來西亞印度人多，所以也是喜歡印度民族風與傳統服飾的人，採購印度服飾的好地方。當然，台灣人喜歡收集的星巴克城市杯，馬來西亞也有不同的圖案讓大家收集。除此之外，星巴克還有手工編織風格的杯墊，這可是馬來西亞限定版呢！

◀馬來西亞料理醬包

▲泡麵

馬來西亞泡麵在世界好吃的泡麵排行榜上蟬聯多年

▲可比卡布奇諾白咖啡

◀美祿

馬來西亞人愛喝的巧克力沖泡飲品

▲益昌牌奶茶

▲胡椒商品

▲印度鹹脆餅

◀天然椰子油

▲紅茶包

紀念品

▲ 印度豪華繽蒂(BINDI)

◀ 伊斯蘭女性頭巾

古晉限定

▲ 貓瓶身胡椒粉

◀ 印度班加比日常服

利華麵▶

古晉本土老牌，泡麵或零食都很好吃

▲ 娘惹裝磁鐵

▲ 伊斯蘭女性罩袍

▼ 星巴克編織杯墊&城市紀念杯

馬來西亞限定

古晉限定

▶ 土著編織籃

▲ 土著風格藝術品

▶ 蠟染布及各種民族風衣服

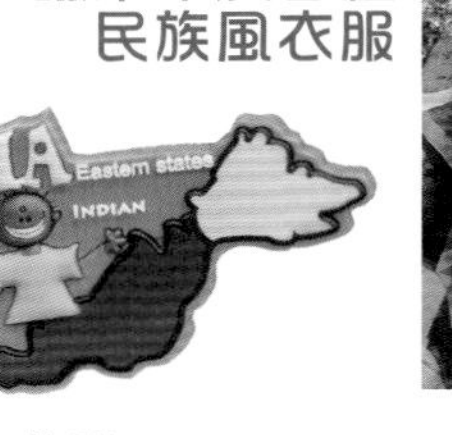

▲ 紀念磁鐵

亞航紀念品 ▶

退稅

請提早至機場辦理退稅手續，因為有些人員不太知道退稅細節，動作會比較慢。

自2015年4月開始遊客(非大馬公民及非大馬永久居民)在有退稅標誌的商店消費超過300RM以上，均可憑收據於三個月內，在離境的機場辦理退稅。如果退稅金額不超過300RM則可以拿到現金或選擇退款到信用卡。但須注意的是食品類、香水、菸酒類、原天然貴重金屬及礦石(已加工設計的珠寶不在此限制內)不包含在退稅品項之內。退稅會被收取15%的手續費；退稅金額是消費金額的6%。

目前吉隆坡KLIA、KLIA2、亞庇及古晉機場均有GST櫃檯辦理退稅。本書以吉隆坡KLIA機場為例說明退稅步驟。

退稅步驟

Step by Step

選擇有退稅標誌(TAX FREE)的商店購物。

▲在有TAX FREE標誌的商店消費才能辦理退稅

購物金額滿300RM以上即可向店家索取收據正本及退稅單。

將需退稅的物品放在手提行李裡，GST(GST Refund Counter)退稅櫃檯辦理。

▲吉隆坡KLIA機場3樓的GST驗證櫃檯

出示護照、機票、收據正本、退稅單及購買的部分物品。

退稅人員會驗明資料無誤後，將退稅明細單印出並蓋章。

拿著經過蓋章認證的退稅單與明細過了安檢之後，跟著Global Blue的指示，前往櫃檯辦理退稅並領取現金(或退至信用卡)。

退稅這裡辦

GST(GST Refund Counter)退稅櫃檯的位置分別如下：

1.KLIA機場：3樓，出境大廳右側
2.KLIA 2機場：L層的YZ通道旁。過了安檢通關後，從Gate L走過去就能看見Global Blue櫃檯

指指點點馬來文

●購物實用單字

中文	先生	女士	先生(尊稱)	女生(尊稱)	小姐	姐姐	哥哥	弟弟
馬來文	Encik	Puan	TuanTuan	PuanPuan	Cik	Kakak	Abang	Adik

中文	可以	議價	不可以	退稅	多少	喜歡	白色	黑色
馬來文	Boleh	Tawar	Tidak boleh	kelemahan	Berapa	Saku	Putih	Hitam

中文	黃色	藍色	紅色	綠色	禮物	漂亮	便宜	貴
馬來文	Kuning	Biru	Merah	Hijau	Hadiah	Cantik	Murah	Mahal

中文	購物	帽子	眼鏡	衣服	鞋子	書	買	賣
馬來文	Beli-Belah	Topi	Cermin Mata	Baju	Kasut	Buku	Beli	Jual

例句：
1、我可以議價嗎？ Boleh saya tawar？
2、這個多少錢？ Ini berapa？
3、這東西多少錢？ Berapa harganya？

●馬來西亞華語vs台灣華語：日常篇 II

台灣華語	而已	是這樣嗎	超級好吃	很威	做作	花言巧語	招式
馬來西亞華語	罷了	是這樣咩	西北好吃	夠力	假假	嘴花花	Pattern

例句：
1、小女生果然很愛漂亮，拍照什麼pattern的pose都有。
2、這個很便宜，才幾塊錢罷了。(了的發音讀作三聲瞭ㄌㄧㄠˇ)

通訊篇
Communcation

馬來西亞上網及打電話方便嗎？

馬來西亞的SIM卡及免費Wi-Fi相當普及，收訊大致不錯，機場、車站、大城小鎮隨處可見電信行。此外，到郵局郵寄明信片及包裹也頗方便。

PERBAHARUI INSURANS
KENDERAAN ANDA DI POS MALAYSIA
POS
MALAYSIA
Pos Malaysia Berhad
PAJAK GADAI
POS ArRahnu
POS
MALAYSIA
• MUDAH, CEPAT DAN SELAMAT
• PINJAMAN TINGGI HINGGA 75%*
• TERBUKA KEPADA WARGANEGARA
& WARGA ASING
TERKINI!
CUCI EMAS
SERENDAH RM3
KOTA KINABALU
SABAH & SARAWAK

上網

不管是出發前先準備好或是到當地機場辦SIM卡都可以。

馬來西亞的網路頗為發達，在機場就有免費Wi-Fi，從市區餐廳到各大景點，找Wi-Fi都不是困難的事。

台灣購買

SIM Card

只需要上網不需要當地門號的遊客，可以考慮在台灣事先買好上網卡，價格雖然未必比較便宜，但是勝在飛機一降落就可以立刻開機上網。目前台灣的旅遊平台可在出發前購買網卡的主要有：KKday、KLOOK客路、SIMple上網寶。這些上網卡大多都有流量限制，超過使用流量會降速，若在一般正常使用範圍內(不過度追劇或直播)應該都夠用。此外，流量不具備當地電信通話傳簡訊的功能，有這樣需求的人，可以在下飛機後、入移民官檢查前，至各大電信櫃檯購買適合的SIM卡，在市區購物中心的電信櫃檯也可以多留意相關資訊。

▲eSIM卡設定畫面

另外，非常推薦使用eSIM卡(虛擬SIM卡)，出發前先在網路上購買，店家會立即寄送開通卡片的QRcode並詳細說明開通步驟。只要在出國當天開通(需有網路)，並在抵達目的地後開啟eSIM卡的數據漫遊就可以上網，不需更換實體SIM卡。若是擔心自己搞丟SIM卡，那麼eSIM卡值得一試。

▲市區購物中心不分大小一定都有電信公司的櫃檯

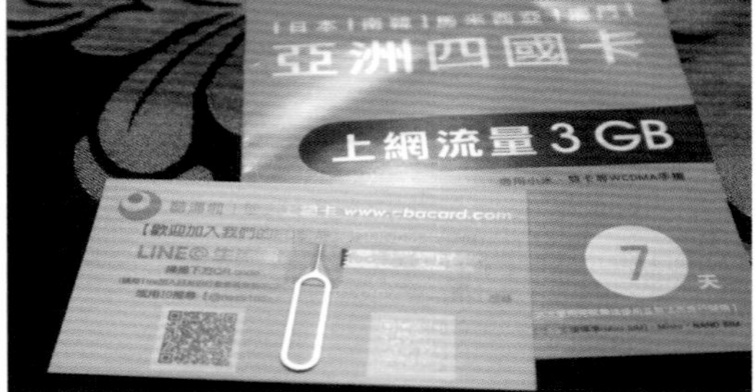

▲事先在台灣買好的網卡

當地電信

Telecom

馬來西亞當地常見的電信公司有：DiGi、Maxis/Hotlink、Celcom，最常在市面上看到廣告及設櫃服務的以Digi和Maxis/Hotlink最多。價格相差不大。

DiGi	new.digi.com.my
Maxis	www.maxis.com.my
Celcom	www.celcom.com.my
Hotlink	www.hotlink.com.my

▲市區購物中心不分大小一定都有電信公司的櫃檯

貼心小提醒

記得自備取卡針

有的時候就是萬事俱備只欠東風，當用之時急跳腳！幸好現在如果在台灣購買上網卡，都會隨附一個取卡針；如果在當地的電信櫃檯購買網卡，就直接請工作人員幫你設定好。不過，隨身攜帶一個取卡針還是比較保險，以備不時之需，例如旅行途中臨時需要換回台灣SIM卡，以便接收某些驗證碼的訊息，這時候若沒有取卡針在身上，就很不方便。

哪裡有Wi-Fi

Free Wi-Fi

馬來西亞住宿有提供免費無線上網的比例高達90%以上，如果房間收訊較弱的話，可以到大廳上網。大型的購物中心或連鎖咖啡店、餐廳、速食店等也都有提供免費Wi-Fi。

馬來西亞常用的通訊軟體

Software

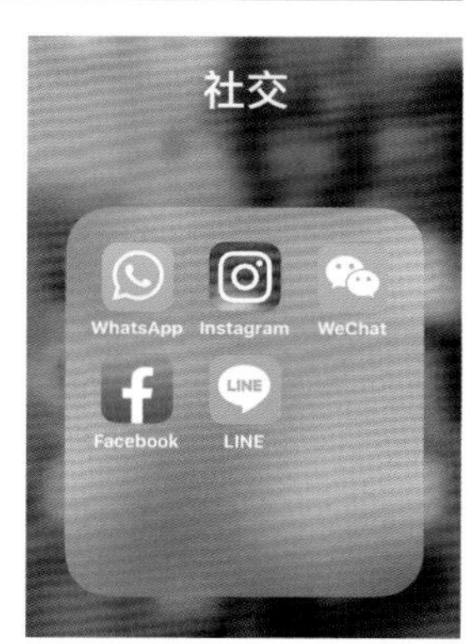

人手一機的智慧型手機時代，與遠方或當地親友聯繫漸漸已由通訊軟體取代。台灣人普遍使用Line，但在馬來西亞，大多數人使用WhatsApp聯繫彼此，如果與海外華人聯繫，通常會使用微信(WeChat)。不過，也有部分因為曾經留學台灣，或是有台灣親友的大馬人會使用Line。只要在手機通訊錄中加入對方的國碼+60與手機號碼，就能快速在WhatsApp搜尋到彼此，聯繫完全不受地理位置的限制。

行家秘技

可收現金的Grab訂餐

馬來西亞的Grab除了搭車，也可以訂外送餐點，而且好處是有提供現金取餐的服務，對外國遊客來說非常方便。

打國際電話

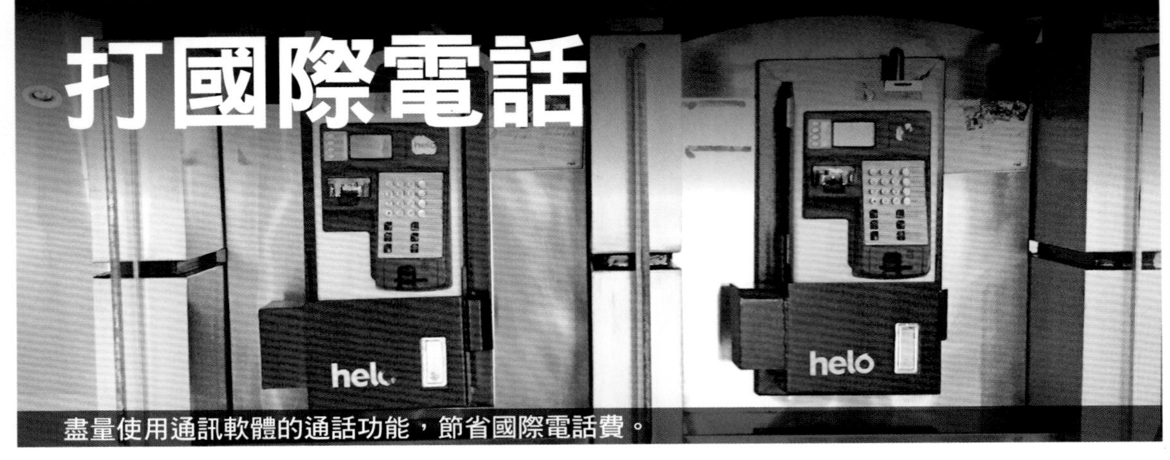

盡量使用通訊軟體的通話功能，節省國際電話費。

從台灣打電話到馬來西亞

馬來西亞國碼	馬來西亞各城市區域號碼		電話號碼
60	吉隆坡	3	市內電話為8碼
	檳城	4	市內電話為7碼
	蘭卡威	4	市內電話為7碼
	馬六甲	5	市內電話為7碼
	亞庇	88	市內電話為6碼
	古晉	82	市內電話為6碼
	美里	85	市內電話為6碼
	手機共10碼		

例：吉隆坡電話號碼：03-21449988，台灣打過去是：00 60 3 21449988
古晉電話號碼：082-239777，台灣打過去是：00 60 82 239777
馬來西亞手機號碼：016-4561155，台灣打過去是：00 60 16 4561155

從馬來西亞打電話回台灣

撥打方法	國際冠碼	台灣國碼	區域號碼	電話號碼
打台灣市內電話	00	886	區碼去掉0	市內電話號碼
打台灣手機	00	886		去掉手機號碼前的0

例：桃園電話號碼：03-4228888，馬來西亞打回來則是：00 886 3 4228888
台灣手機號碼：0922-234789，馬來西亞打回來則是：00 886 922 234789

用馬來西亞當地市話／手機撥打當地號碼

例：馬來西亞手機號碼：016-4561155，打其他手機是：016 XXXXXXX
吉隆坡電話號碼：03-21449988，打當地手機是：016 4561155
吉隆坡電話號碼：03-21449988，打當地市話是：03 XXXXXXXX

郵寄

善用郵局服務寄明信片或郵寄包裹，為旅行增添回憶或減輕行李重量。

從馬來西亞郵寄明信片或普通包裹到台灣，大概需要5～10個工作天。寄明信片回台灣的價格近年漲幅很大，一張明信片是6RM。

http www.pos.com.my

郵票哪裡買

Stamp

馬來西亞的郵局稱作「POS」，所以只要看到這個標誌就可以在上班時間去購買郵票並郵寄。此外，賣紀念品或明信片的店家有的會有代售郵票及代寄的服務，部分民宿或飯店也會有相關服務。只是後兩者販售的郵資會較貴一些。

◀寄明信片是最好的紀念品之一

貼心小提醒

寄包裹找民間快遞比較划算

馬來西亞近年POS調漲很多，如有寄包裹的需求可以找民間的快遞公司。

查詢國際郵資

Postage

到馬來西亞郵政網站查詢國內與國際資費步驟：

進入網站，點選計算機圖案。

選擇Calculate Postage，按住右側往下的箭頭，選擇國際費率International rates。

填入重量(以公克為單位)及國家後按下Submit。

出現航空及普通陸路(海運)是否含有保險的價格，還有工作天數。

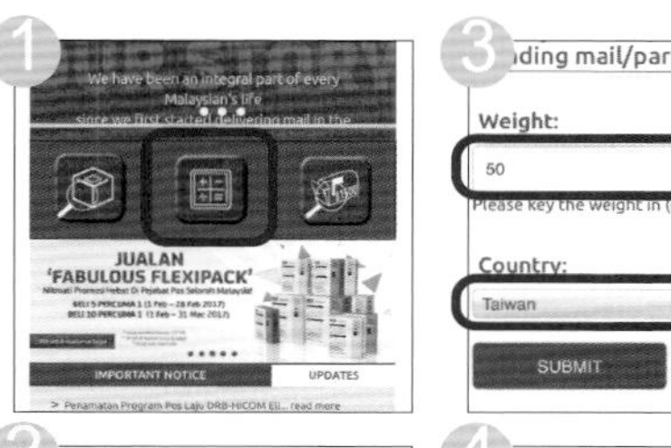

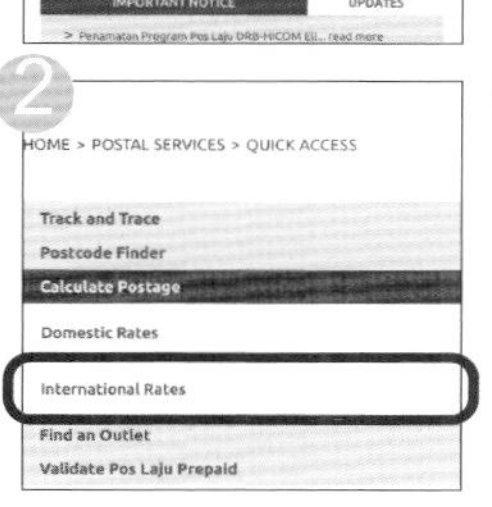

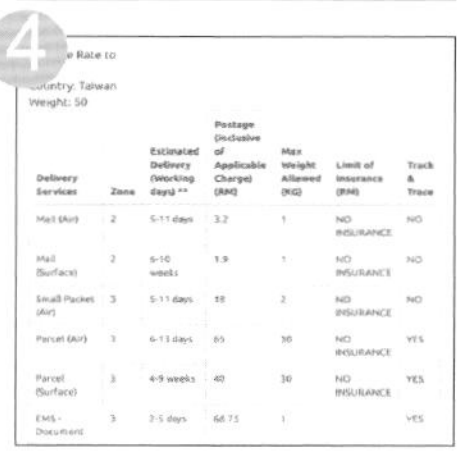

應變篇 Emergencies

在馬來西亞發生緊急狀況該怎麼處理？

馬來西亞雖然語言和文化某部分與台灣接近，但是還是要保持基本的警覺性及解決事情的能力，出發前多一份謹慎跟準備，是平安快樂出遊的不二法門。

POLIS
0 K. L.
BALAI POLIS SENTRAL
KUCHING
MELAKA

治安

防人之心不可無，機靈是王道。

馬來西亞雖然是多元種族的國家，但大致上治安都算不錯，尤其是越鄉下的地方，人們個性越純樸善良。大部分在大城市會聽到的犯罪事件，以外籍的非大馬居民為多。

夜生活

Law & Order

雖然馬來西亞是伊斯蘭教國家，但因為多元種族的融合文化，風氣較嚴格的中東伊斯蘭教國家要開放些，所以在大城市還是有許多地方可以賣酒、西方遊客及中東遊客來到馬來西亞享受夜生活的情形比比皆是。除了酒吧之外，馬來人、印度人、華人的夜市或是專營晚市生意的茶餐室，在馬來西亞相當普遍，所以晚上宵夜時間想要吃東西聊天的話，絕對有地方可去。

單身女子

Law & Order

單身女子究竟適不適合到馬來西亞自助旅行？這個是我最常被問到的一個問題。以我個人經驗，我大部分的時候都是自己在馬來西亞趴趴走，所以毋須過度擔心。但是一些出外的安全鐵則，例如：不喝陌生人給的飲料、飲料不離身、太晚的時候避免一個人在暗黑街道行走、隨時警戒是否有人蓄意跟蹤或靠近……等，這些是不管到哪一個國家都要有的警覺性。

與當地人交談

Law & Order

不管哪一個人種，相較台灣，其實都比較害羞保守。馬來人、印度人或土著不太會主動攀談，但是如果先微笑，他們也都會靦腆的微笑回應。一般來說，可以用簡單的英文跟他們溝通。當地的華人如果知道你是台灣來的遊客，通常都會很熱情，會主動交談，並且你會發現他們對台灣很多流行的事情及新聞都瞭如指掌呢！

◀有型的馬來西亞土著

▲熱情健談的馬來西亞華人

發生緊急狀況

找警察及駐外單位的協助是重要步驟。

行搶

Emergency

在吉隆坡市郊或鄰近的雪蘭莪州部分城市、柔佛新山、古晉等地方，街邊行搶的事件偶有所聞。雖然並非時常發生，但仍需注意在夜間或是較少車輛行人的路段，要切記將隨身包包靠邊行走，不要曝露在馬路那一側，引起犯罪動機。

騙術

Emergency

馬來西亞的計程車大部分不會漫天開價，而且可以使用Uber或是Grab App叫車，價格透明。倒是在搭乘大眾交通工具時，如果在離峰時段，車廂裡的人較少的時候，要注意上車故意不坐其他空位，而坐到你旁邊的人，有聽聞外籍偷渡客會藉此用迷香迷惑心智，然後騙錢的事件。

有的時候坐在餐廳吃飯，也會遇到進來兜售紀念品或盜版光碟的人，如果沒有興趣就不要去詢價，店家為了做生意一般不會禁止他們進來，但如果他們看到你沒有興趣，也就會離開，不會一直纏著你。

在吉隆坡武吉免登區，也要注意路邊詢問是否要兌換錢幣的人，記得一定要找購物中心內的匯兌店家，或是路邊專營匯兌的店家來換錢，不要貪小便宜，以免換到假鈔。

路上觀察　為什麼廁所裡有蓮蓬頭

馬來西亞許多地方的公共廁所是蹲式的，有些較鄉下的地方沒有自動沖水設備，旁邊會備有水桶，讓使用者自行舀水沖。大部分的廁所除了跟台灣一樣包含坐式與蹲式以外，最大不同就是多了一個沖洗屁股的蓮蓬頭，這個是符合穆斯林如廁後用水清洗而不是使用衛生紙的習慣。也因為這樣，所以馬來西亞大部分的廁所地板會濕濕的，上廁所的時候要注意不要滑倒。另外如果有衛生用品需要丟棄，也要記得自備小紙袋或塑膠袋裝進去，再拿出來到外面丟，因為不是所有廁所裡都有垃圾桶。

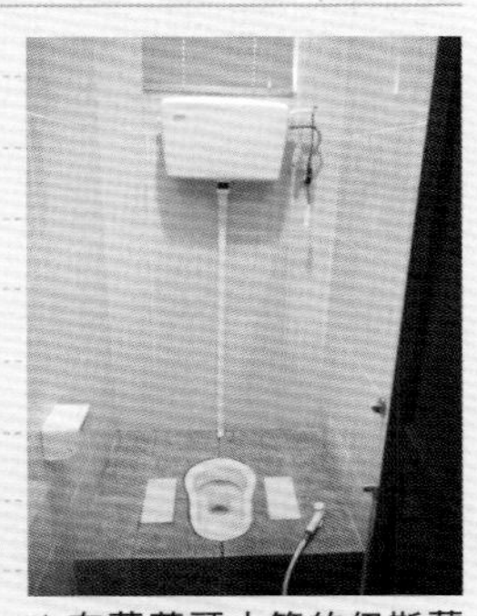
▲有蓮蓬頭水管的伊斯蘭式沖水設備

生病與就醫

Emergency

馬來西亞由華人開設的藥局很多，感冒咳嗽、輕微發燒、肚子痛腹瀉、簡易傷口處理等，這些不嚴重的問題，可以直接到藥局去買藥來解決即可。

如果需要就醫的話，第一優先是就近先看華人醫生開設的診所，價格雖然較貴，但不用排隊。到公立醫院時間等待時間長，且也不是那麼方便。看完醫生時記得取得醫生診斷證明及收據(可多開一份)，以便回來後向健保局及個人保險公司申請理賠。

▲藥局的招牌

▲也有寫中文的藥局招牌

涼茶簡易自治

雖然說在馬來西亞由華人開設的藥局或有華人醫生看診的診所為數不少，但有的時候是因為進出室內外溫差過大，一不小心感冒了，或是有些微中暑的徵兆，這時如果喝杯涼茶或是買瓶100plus、犀牛牌清熱水，都是可以去熱自治很好的小撇步。我曾經在小感冒時去買杯涼茶來解熱，看見店家自售的去熱藥粉，在老闆有條理的解說下買來一試，果然睡了一覺之後，第二天好了很多。但每個人身體狀況不同，如果感覺太難受還是就醫比較妥當。

▲怡保涼茶老店─鴨仔燈鹹涼茶

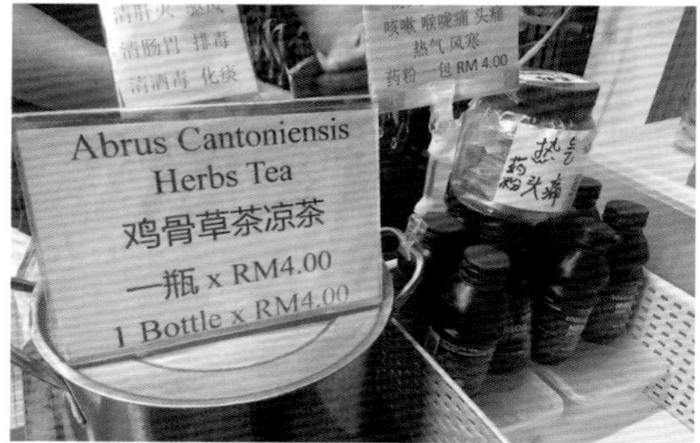

▲馬六甲的涼茶鋪前賣的藥粉與涼茶

▲犀牛牌清熱水是去熱老牌飲品

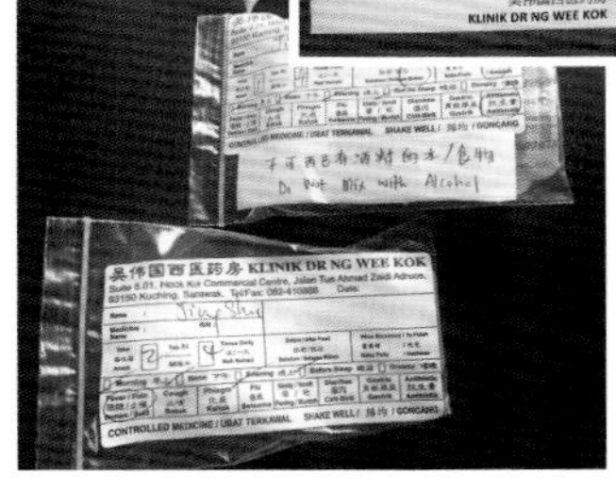

◀▲留學台灣的華人醫生在當地很受歡迎，藥袋上及診所公告事項都是中文

後疫情時代購買快篩和消毒用品

馬來西亞雖然已經全面開放國境，但無論西馬或是東馬，大城市或鄉村，民眾自發性戴口罩的情況仍相當普遍。因此無論在便利商店、各大藥局、屈臣氏、康寧等店家，購買口罩、快篩試劑、消毒水與乾洗手等物品都很方便，價格也親民。(以上為出版前作者的最新觀察)

▲藥妝店裡的防疫用品物資充足

路上觀察 哪裡有公共廁所

機場、車站、購物中心、遊樂場等這些地方均有充足數量的廁所，不過遊樂場及購物中心的廁所有些需要收費，價格大概在0.5～2RM之間。此外，在觀光客多的街道或區域有公共廁所的比例也頗高，例如：馬六甲的雞場街就有兩處公共廁所、亞庇的市中心街道也很容易看到公共廁所的標示。

▶亞庇市中心的公共廁所指標

▲馬六甲雞場街世遺公園裡的收費公廁

指指點點馬來文

例句：

1、我報警了。 Saya akan panggil polis.
2、小偷！ Pencuri！
3、我迷路了。 Saya tersesat.
4、我的錢包丟了。 Saya hilang dompet saya.
5、我受傷了。 Saya terluka.

物品遺失

Lost & Found

護照

去警局報案取得報案證明。

到當地的駐外代表處補辦臨時護照離境。

回台灣補辦護照。

▲駐馬來西亞台北經濟暨文化辦事處

行李

到LOST&FOUND處理。

一定要非常詳細描述行李的長相、大小、顏色、品牌。

每天追蹤行李進度。

詢問有關航空公司理賠及金額。

▲LOST&FOUND的指示牌

信用卡

出國之前一定要先記下信用卡發卡銀行的24小時緊急聯絡電話和信用卡卡號，並且最多帶兩張信用卡就好，要記得自己帶的是哪一家銀行的。萬一真的發生信用卡不見的事情，可以立刻致電台灣的銀行掛失，將盜刷風險降到最低。

行家秘技　更快找到遺失行李的小方法

將大行李打包好之後，記得幫行李拍下完整的照片，並且在行李箱上掛上寫好聯絡方式的行李吊牌，吊牌最好辨識度高一些。萬一行李真的在運送過程遺失的話，可以在機場處理遺失行李時，將照片秀給承辦人員看。包括行李箱大小、顏色、品牌都可一目瞭然。

▲出發前幫行李箱拍照片

救命小紙條

個人緊急連絡卡
Personal Emergency Contact Information

姓名Name：

年齡Age：

血型Blood Type：

宿疾Exiting Physical Problem：

過敏藥物Medicine that Causes Allergy：

護照號碼Passport No：

信用卡號碼：

緊急連絡人Emergency Contact (1)：

聯絡電話Tel：

聯絡地址Address：

緊急連絡人Emergency Contact (2)：

聯絡電話Tel：

聯絡地址Address：

台灣地址Home Add：(英文地址，填寫退稅單時需要)

投宿旅館：

旅館電話：

其他備註：

駐外單位資訊：

駐馬來西亞台北經濟暨文化辦事處

地址：Level 7, Menara Yayasan Tun Razak, 200 Jalan Bukit Bintang, 55100 Kuala Lumpur, Malaysia

電話：+603-21614439 / 21615508

緊急救難專線：+6019-3812616

馬來西亞留台校友會聯合總會

地址：9-B, Jalan SS2/64, Petaling Jaya, 47300, Selangor D. E., Malaysia

電話：+603-78761221